警賊 II

kíng-tshat

阮光民
金漫獎得主

目次

阿雄要娶老王的女兒耶！肚子都大了。
張銘科小
金行
裁縫
夭壽咧！阿雄不是比老王還老！
老牛吃嫩草耶…阿雄以後要叫老王什麼啊？

第一回　她是？你是？

唉唷～不蓋被子睡覺會著涼喔～阿伯的外套借你蓋～
噗！
呵！冷到會放屁～
蓋你個頭啦！你看不出他死了嗎!!
誰會沒事睡馬路？
對喔！有誰會覺睡到吐血！
阿誠！快打一〇四報警！
笨蛋！是一一〇啦！

有沒有搞錯…
現在才清晨五點耶！幹嘛挖我起來啊！
唉～工作嘛～當警察就是這樣！
大家都嘛想睡飽一點，誰知道一大早就有命案！
認份一點吧！
…我明天才復職耶…
為什麼要叫我來啊！
是嗎…是明天嗎？

唔！
那是啥！你不是信天主的嗎？
如今的我，信仰「愛的平安符」就足夠了。
那平安符是欽嫂跟小君求給他的。
啥？
馬的…這對母女心中還有我嗎…虧我這麼罩妳們！
辦正事要緊，兒女私情先擱一旁吧！
一个快40的老處男懂ㄍ屁啊!!噗!!
德哥！我可以替你報名「老處男金氏世界紀錄」嗎？獎金六四分！

死者劉文龍年齡三十三歲。
泰順企業劉昌裕的獨子，生前擔任產品部經理。
早晨被發現死在自宅樓下，初步判斷是酒後墜樓。
由於職務的關係，又是一個人獨居，所以不排除他殺的可能。
另外我還有一個疑問……
為何你們去現場調查，搞得傷痕累累，比死者傷得還重？
呵哈！因為晨運的阿嬤看我帥，就想非禮我……
別掰了……鬼都不信！

算了！快去調查這案子吧！
喳！
對了！欽嫂說要慶祝阿武明天復職，晚上八點到她家集合。
原來你們心裡還有我…我要為我第三頁的懷疑說聲抱歉～
那又如何！我有愛の平安符
待會十點有新局長就職典禮耶！
是喔！
不過我沒時間替甄正勇鼓掌。
你們還不知道嗎？上層要空降一位新局長耶！
哈哈哈！
那甄正勇不就…哈哈！

喂！你們全給我閃邊去！
閃開！閃開!!
唔！
閃邊去！
唰！唰！唰！
呃！
唔！
讓我們熱烈歡迎～
……

甄局長正勇先生！
搭給厚！（大家好）
今後，希望大家在我的英明領導下，共同努力吧！

歡迎顏鋕琦局長就
呃！
……
歡迎顏鋕琦局長就任
……
名字是不是印錯了…
應該是吧…

人事命令…
…局長一職由顏鈺琦接任，此令即時生效…
我姓甄！不是顏啦！
吼喔喔喔喔喔！這是怎麼一回事？

「哮天犬」也許是中華民國歷代局長，在位最短的！
典禮過十分鐘了…
走快點！我不想錯過「哮天犬」欲哭無淚的表情，我DV都充好電了！
德哥想得真周全。

如果你們是來參加典禮的，很抱歉已經結束了。
或者，你們是來清掃會場的？

唔！
長得還不賴耶～以前沒見過…

典禮才過十分鐘，這麼快就結束，會不會太草率⋯
新上任的局長！
嚇！
局⋯局⋯局長？

不要懷疑！
光憑她這身打扮，加上又是生面孔，猜也猜得到。
不知道局長會這麼快結束典禮，來不及與會實在很抱歉～
你的道歉，恕我無法接受！
倘若今天典禮換作是一宗凶殺案，各位遲了十分鐘，恐怕歹徒已經得逞逃逸了。
你認為只要道個歉、鞠個躬，就能得到家屬原諒嗎？
……

希望你們要有身為警務人員的自覺。
還有，與其浪費時間在無謂的典禮，不如去阻止犯罪吧！
一個連時間都無法掌控的人，還想去拯救他人，簡直是個笑話！
……
沒想到她背影…跟正面一樣性感～
嗯！有韻味的熟女局長！我給五顆星！

不過她說話很不客氣，所以扣一分。
-1
我附議！小馬你咧？
在我心中只有一個人滿分，對她我不予置評。不過咧…
有個人徹底淪陷了!!
冒煙～
……
快！快拿滅火器！德哥快著火了！
喔！
快點啊！

我兒子死得太冤枉了！
我懇求你們快把兇手逮捕！

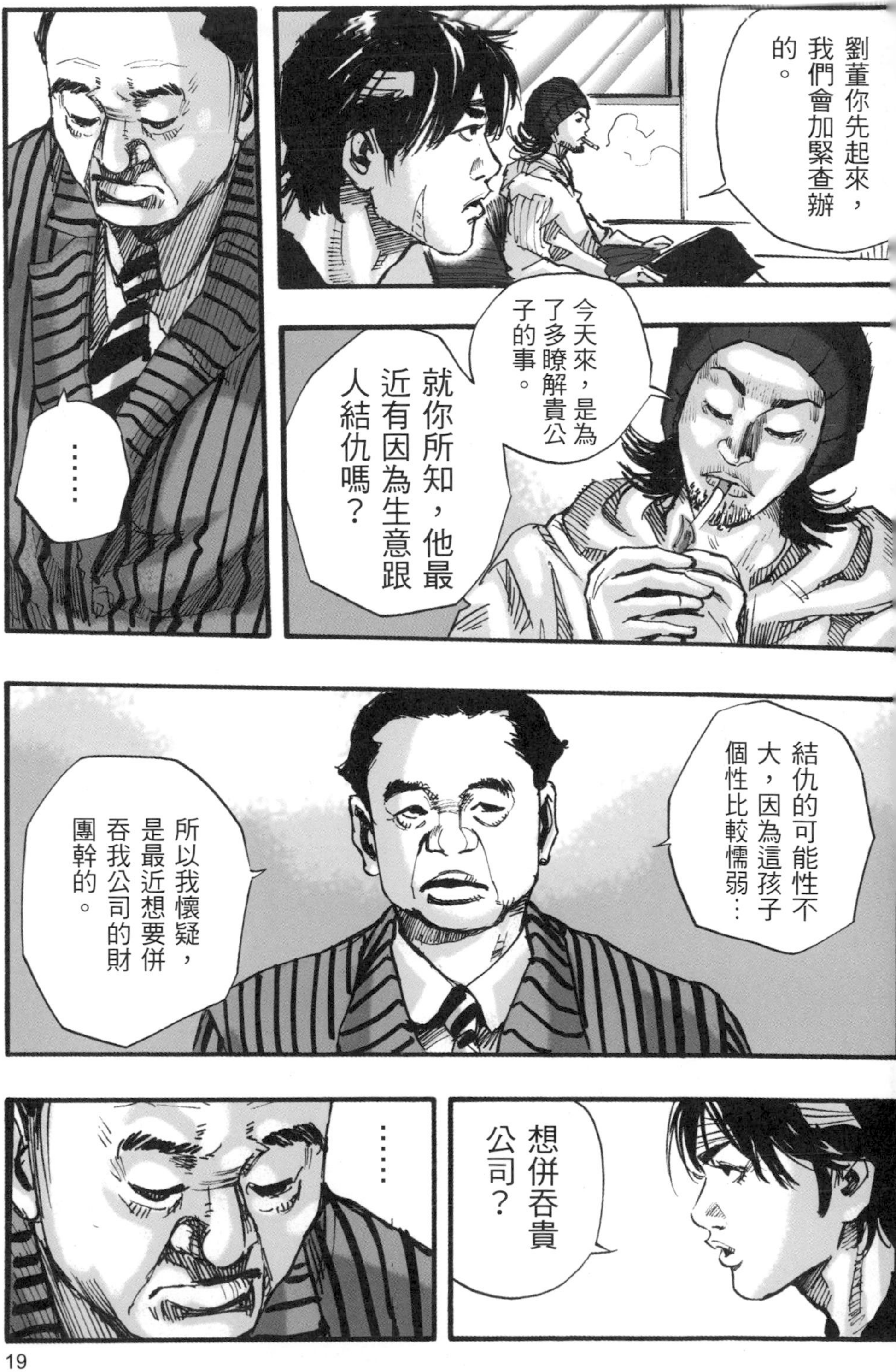
劉董你先起來，我們會加緊查辦的。
……
今天來，是為了多瞭解貴公子的事。
就你所知，他最近有因為生意跟人結仇嗎？
結仇的可能性不大，因為這孩子個性比較懦弱…
所以我懷疑，是最近想要併吞我公司的財團幹的。
想併吞貴公司？
……

嚓！
其實…
公司營運出了點問題，有家集團要低價收購我們。
這跟貴公子的死有什麼關係？
……
因為我父親將公司一半的股份轉到他的名下。

公司除了我和他之外的股份，都被買走了。
他們三番兩次用各種方法要我們父子妥協…
這孩子手上有這麼多股份，一定承受很大的壓力…所以…
所以他才會借酒澆愁，自尋短見…是他們逼死他的！
……

你對他的說詞有何看法？
我持保留態度。
問你，如果你是財團，會不擇手段去得到一家公司嗎？
如果有那個價值，才會冒險吧！
所以你還是同意劉董的推斷？

他的推斷是可以成立的，但從另一個角度想…
假使這家公司讓財團不擇手段都想收購到手，價錢方面真的會像他說的低價賤賣嗎？不是低價何必自尋短見？
……
你的意思是，劉董對收購內容有兩套說法？
我也是假設啦！
我現在腦中只想快到欽嫂家狂吃一頓！

來！快下注！看是誰會來開門？
不廢話！我賭一千塊欽嫂！
我押小君！二千！
你已經輸了！小君是出了名的不孝，況且正在播熱門鄉土劇，她是不會離開沙發的。
胡扯！小君才不是這樣的人！
別爭了，按了電鈴不就知道了？
嗶～

砰！
砰！
砰！
砰！
砰！
喀！
god

驚!
嚇!!

第二回　幕後…從前…

吵翻天熱炒
宜康藥局
嗝！
老闆！再來兩打啤酒！
勇哥！別再喝了啦！
萬一喝醉出糗怎麼辦！
呵呵！
我還會在乎嗎？
還有什麼比今早的羞辱還糗的！

勇哥…
對了！搞不好那娘們是靠關說的！她能力怎麼跟你比！
……
沒錯！她一定是關說的！總有一天我要把寶座搶回來！
嚇！一句話就復活了！
難道他的基因是由單純和天真染色體組成的？
寶生！幸好有你這麼優秀的部下在我身邊。
呵！
盡情喝吧！我請客！
哇！勇哥好棒！
那還用說！

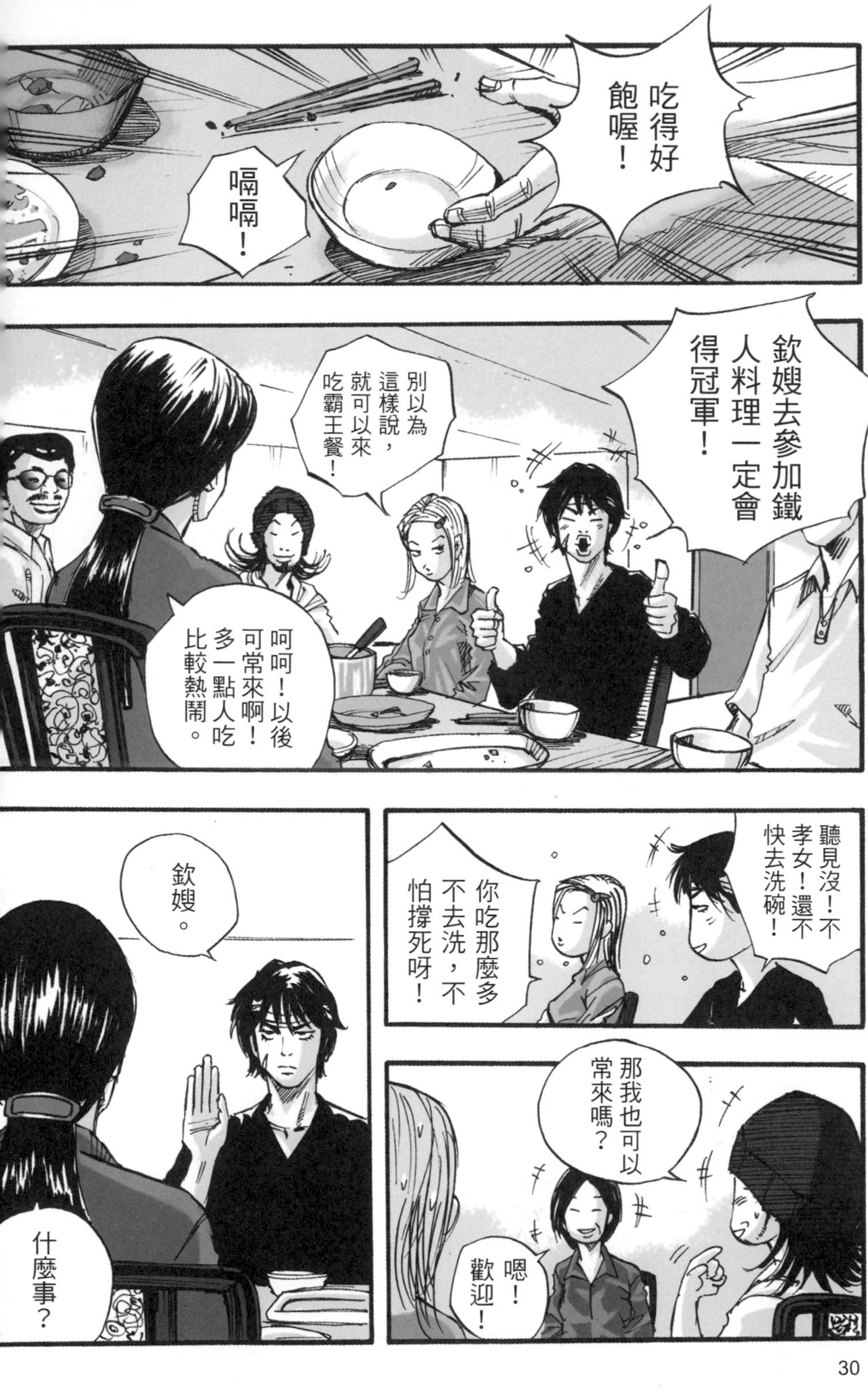
吃得好飽喔！
嗝嗝！
欽嫂去參加鐵人料理一定會得冠軍！
別以為這樣說，就可以來吃霸王餐！
呵呵！以後可常來啊！多一點人吃比較熱鬧。
聽見沒！不孝女！還不快去洗碗！
你吃那麼多不去洗，不怕撐死呀！
那我也可以常來嗎？
嗯！歡迎！
欽嫂。
什麼事？

為什麼我們新局長會在這裡啊？
你不覺得吃完飯才問太遲了嗎？
對啊，為什麼顏局長會一起用餐？
呵呵！怕說完後你們會更驚訝！
這樣我更想知道了！
欽嫂快說啦！
別賣關子了！

她是我姪女鈺琦。
也就是你們前局長范誠的女兒。

你們不用緊張，尤其是唐武。
我並不是為了追究父親的死才接任的。
我向來對事不對人。
今晚在這裡，就藉機跟你們表明我的態度跟立場。
伯母，謝謝您的招待。
你們繼續聊，我先告辭了。
呃！不多坐一會兒嗎？
不了，我今晚還有很多檔案要看完。

……
……
哇咧！氣氛被她弄僵了。
呵呵呵！堂姊還是那麼嚴肅…
希望大家不要見怪…
…在鈺琦十五歲那年，發生過一件事……
而那件事，使她變成這樣子…

小君你知道是什麼事嗎？
給个萬把塊本小姐就告訴你♡
這種事應該要尊重她，即使身為伯母也不能說。
和她共事，我希望你們多體諒她、幫她，畢竟她剛從國外回來，一切都陌生。
……

要收購的那家公司我查過了。
他是一家外商集團，政界和黑白兩道都吃得開。
到了！死者他阿公退休後就住在這養老。
不曉得他要跟我們說什麼內情？
等一下，我先把菸熄掉。
這麼多菸頭喔！

怎麼了？
……
好像滿多人來拜訪慰問的。
怎麼沒有人來應門？
不可能啊，時間是他約的。
呃！門沒關耶！
這表示他不介意我們直接進去吧！
那…打擾了！

吼喔喔喔喔！
你們這些畜生去死吧！
啊！
唰！
唔！

磅！
！！
呼！
呼！
呼！
呼！

對…對不起…警官…
發生什麼事？這時間你不是應該在靈堂嗎？
我以為…是那些畜生又回來了…
你們看…
劉董事長：
貴公子英年早逝，
我們都深表遺憾與哀慟。
希望您節哀，我們認為現階段您
應該無心續談收購案。
可是逝者已矣，我們希望能及早
完成合作，因此我們將親自到令
尊的宅邸拜訪，並邀請他至敝公
司作客，以做進一步討論。
…我接到這封信就馬上趕過來…
可是…我還是來晚了…

別擔心！交給我們處理吧！
⋯不⋯
我受夠了⋯
他們要收購就收購吧！
我已經失去一個兒子了！我不能再失去我的父親！

……
你願意讓這些人渣稱心如意嗎？
這種事我無法忍受！
利用親情來達到目的的人渣……
我無法放過。
……
兩位警官的熱心，我劉某銘感五內……
……不過，我可以選擇吧……
這整件事我要不要讓警方受理，我有權選擇吧……

沒證據顯示文龍的死是他們做的…那就當作意外吧…
我不敢再冒險追究了…我懇求你們不要再查辦了…
我想把事情單純化，變成企業跟企業間的買賣…不希望再有人犧牲了…
劉文龍的案子，就用意外事件來結案吧！
只能這樣了…
沒有人證物證可以證明是他殺。

只要當事人或其親人沒要求救援，我們無法冒然行動。
所以對方將劉老帶走的事也不構成犯罪，我們真的無力插手。
只是我真的氣不過，對方用卑鄙的手段達到目的。
唉！很多受害者大都是抱著息事寧人的心態，這等於是變相的縱容罪犯。
要不要來根菸，把這些無奈抽掉！
你抽就好。
……
怎麼了？
沒什麼！
只是覺得，我的菸有別的牌子的味道。

會不會是早上大便沒洗手。
我有說是大便味嗎！
對了！你剛剛不是在劉家門口撿菸頭做環保。
……
…不只是菸頭…況且味道是一樣的…
阿武！快調頭回去！
嘰！
哇啊！嚇死人！你鬼上身喔！
不要突然拉方向盤啦！

媽，堂姊怎麼突然回來？
她回來辦你叔叔的後事，之後就住台灣了吧！
哼！那個軟禁我們的臭叔叔。堂姊不是也很討厭他嗎！
小孩子不准數落長輩！
喔！
不過堂姊越來越有女人味了耶～
可是也越來越孤僻，讓人家無法靠近！

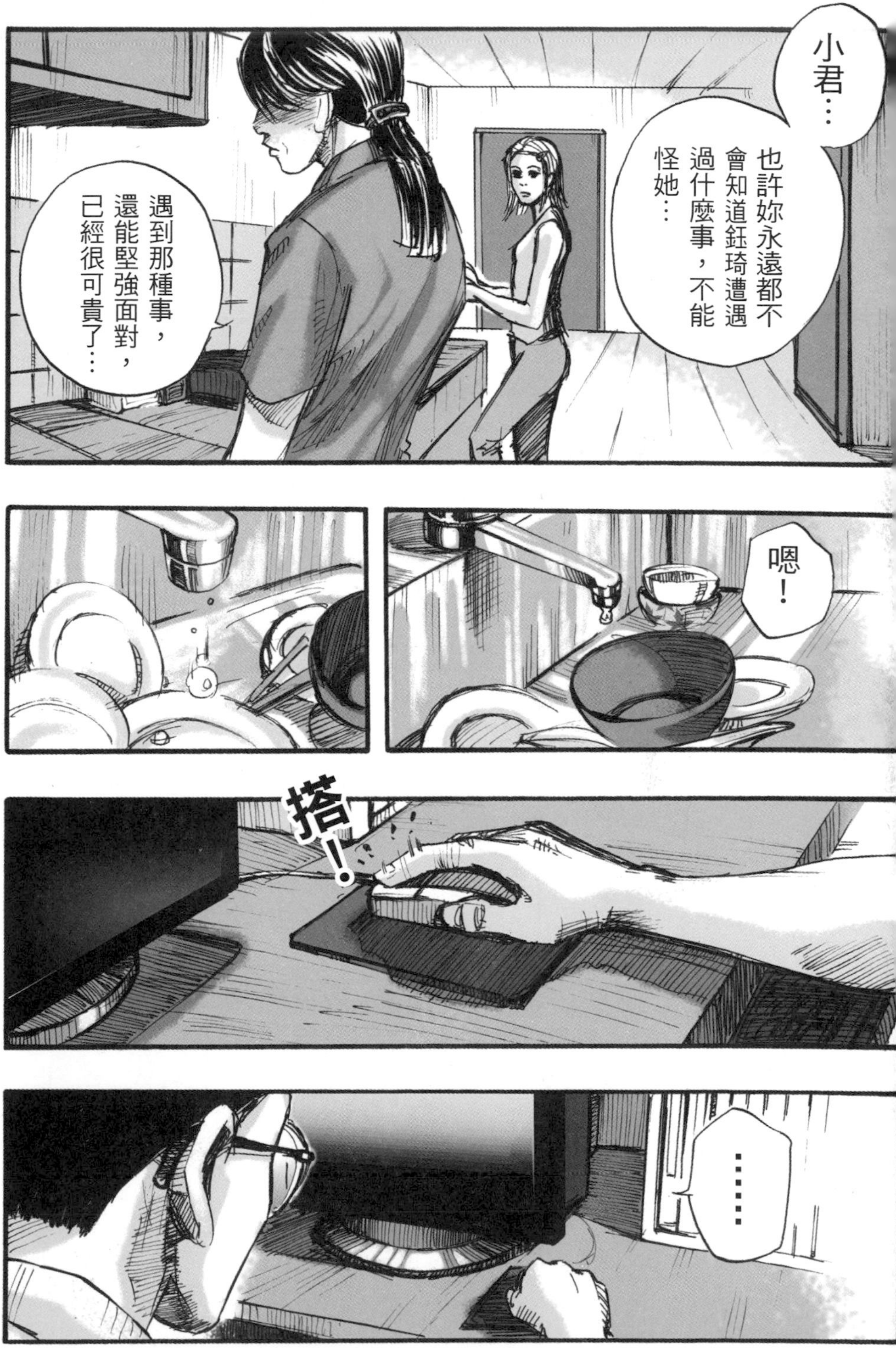
小君…
也許妳永遠都不會知道鈺琦遭遇過什麼事，不能怪她…
遇到那種事，還能堅強面對，已經很可貴了…
嗯！
搭！
……

呃…妳沒事吧？
局長…
吁！
吁！
我沒事…你先出去…
新聞資料室
砰！
砰！
砰！
……
砰！
砰！
噹！

喔！
呼
呼
呼
……
為什麼…
還是無法…

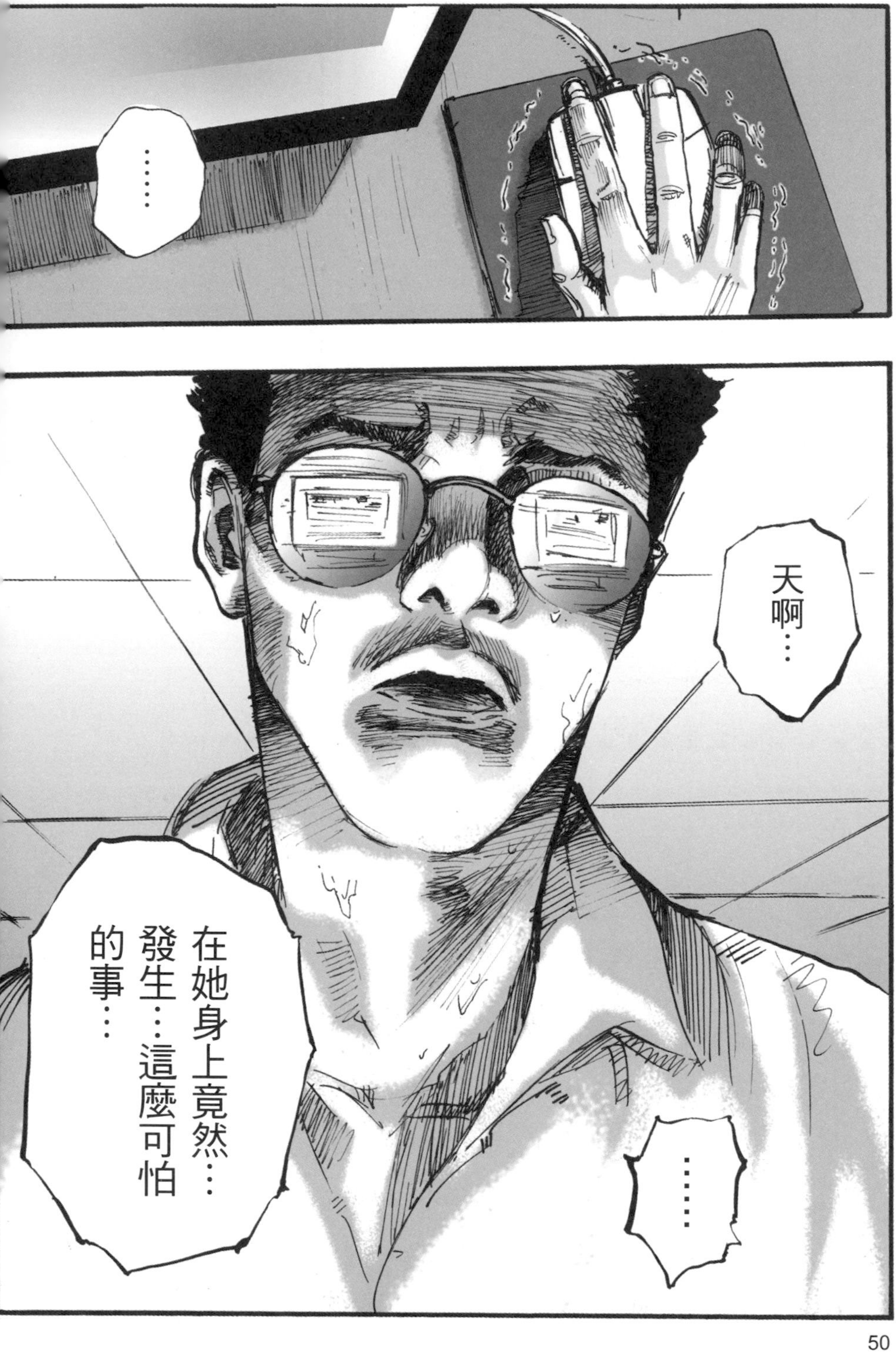
……
天啊…
……
在她身上竟然…發生…這麼可怕的事…

第三回 各自的祕密

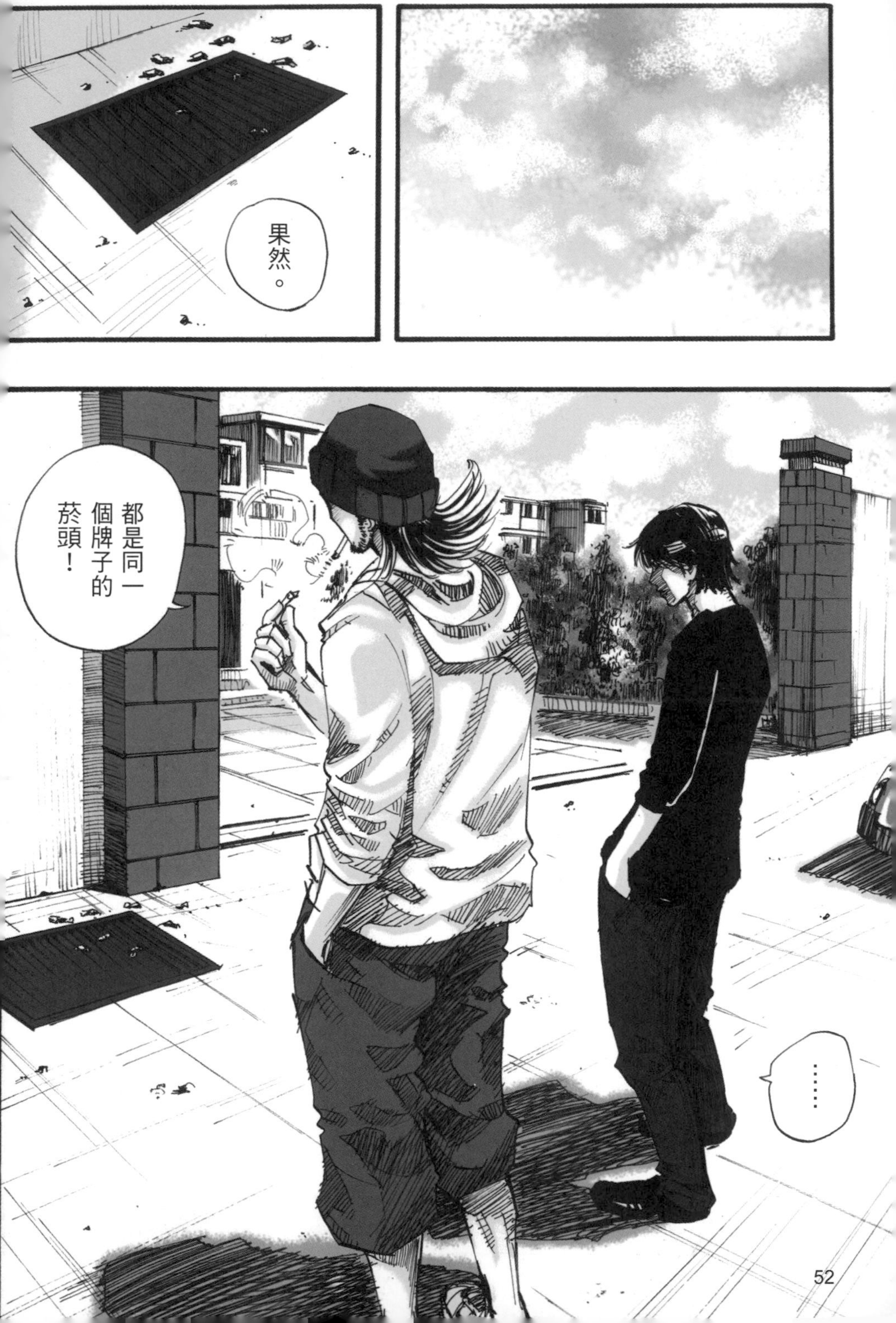
果然。
……
都是同一個牌子的菸頭！

一個人要在短時間內抽那麼多菸…
除了思考、焦慮煩躁為求鎮定之外，還有就是…
等待。
不過也有可能是等待時機抓劉老先生的人抽的。
而且劉董是收到警告信才趕過來的。
……
未免太巧合了吧！

劉文龍的死，找不到證據是哪家集團幹的。因此無法調查。
劉老先生卻在和我們聯絡上後被綁。家屬又堅持自己處理。
而這些菸味又和劉董身上的味道相同。
這種種不得不讓我懷疑他。
可是我百思不解他動機為何…
……

先回局裡吧！
看組長和德哥那裡有什麼發現。
嗯！
……
……這樣很糗耶～我們坐小黃好不好？
糗個鳥啦！要不是你亂扯方向盤會這樣嗎？
打電話叫拖車啦～
不爽啦！
……

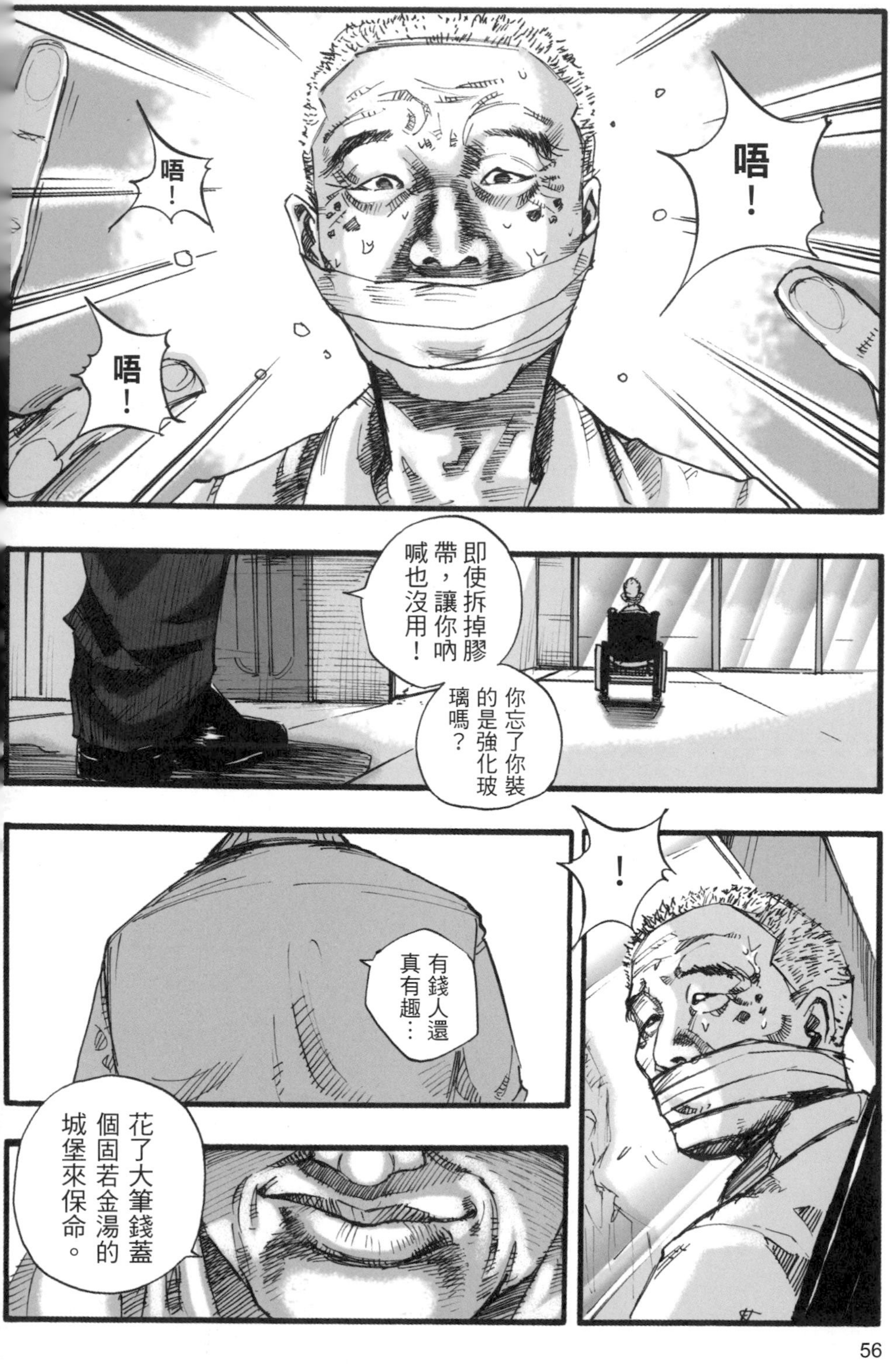
唔！
唔！
唔！
即使拆掉膠帶，讓你吶喊也沒用！
你忘了你裝的是強化玻璃嗎？
！
有錢人還真有趣…
花了大筆錢蓋個固若金湯的城堡來保命。

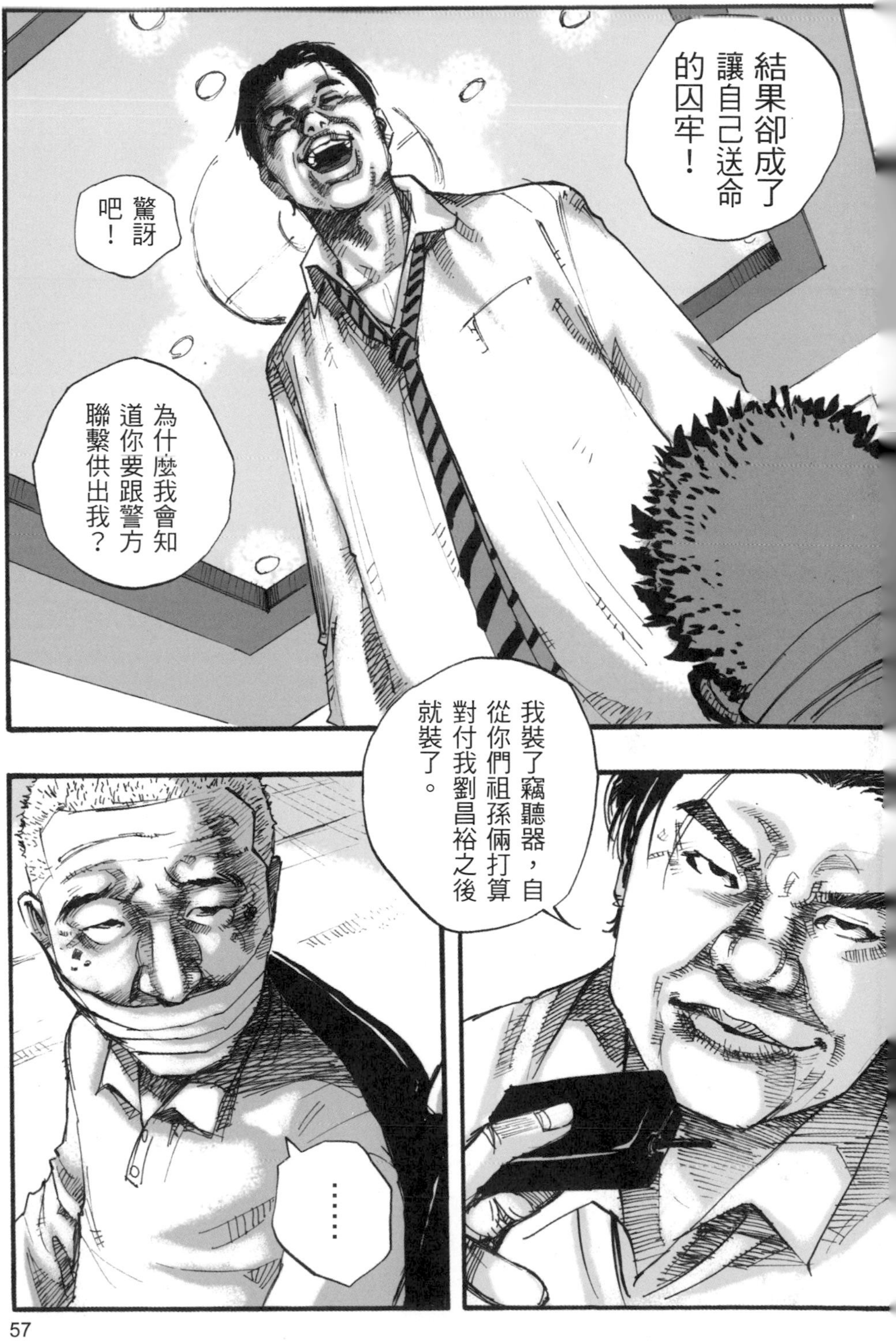
結果卻成了讓自己送命的囚牢！
驚訝吧！
為什麼我會知道你要跟警方聯繫供出我？
我裝了竊聽器，自從你們祖孫倆打算對付我劉昌裕之後就裝了。
……

這份股權讓渡書以及合併協議書……
……
麻煩你老人家簽個章吧！
唰！
啪！

小馬的懷疑也許是對的。
這是我去戶政跟健保局調來的資料。
這當中也有些耐人尋味的事。
記事
原住雲林縣西螺鎮
12巷7號李文福(歿)戶內
民國43年遷入嘉義市中山路
劉泰順戶內。
民國56年6月入伍職變
民國62年
你們看劉昌裕的記事。
李文福？
他是劉昌裕的生父。
……

死者劉文龍的血型與劉昌裕夫婦不同。
阿武你沒看錯吧。
他沒看錯。
劉文龍是劉家的獨子劉天佑的遺孤，也就是說死者不是劉昌裕親生的。
也許劉昌裕是感謝劉家收養他，或者他覺得死者跟自己一樣都是年幼失親。
就把劉文龍納到自己的戶籍。
……
既然他是一個知道感恩圖報的人我們還懷疑他，豈不是很弔詭？
一個原因可以讓仇敵變摯友，也可以讓親人手足相殘。

這是帶我的師兄，也就是欽叔教我的第一課。
…欽叔說的沒錯，因為他也印證了這個說法……
而受傷的人……就是阿武……
不僅劉文龍的死，連劉泰順老先生的失蹤……
劉昌裕都有嫌疑。
這部分我會請阿德幫忙去查訪。
那我和小馬再去他公司調查看看。

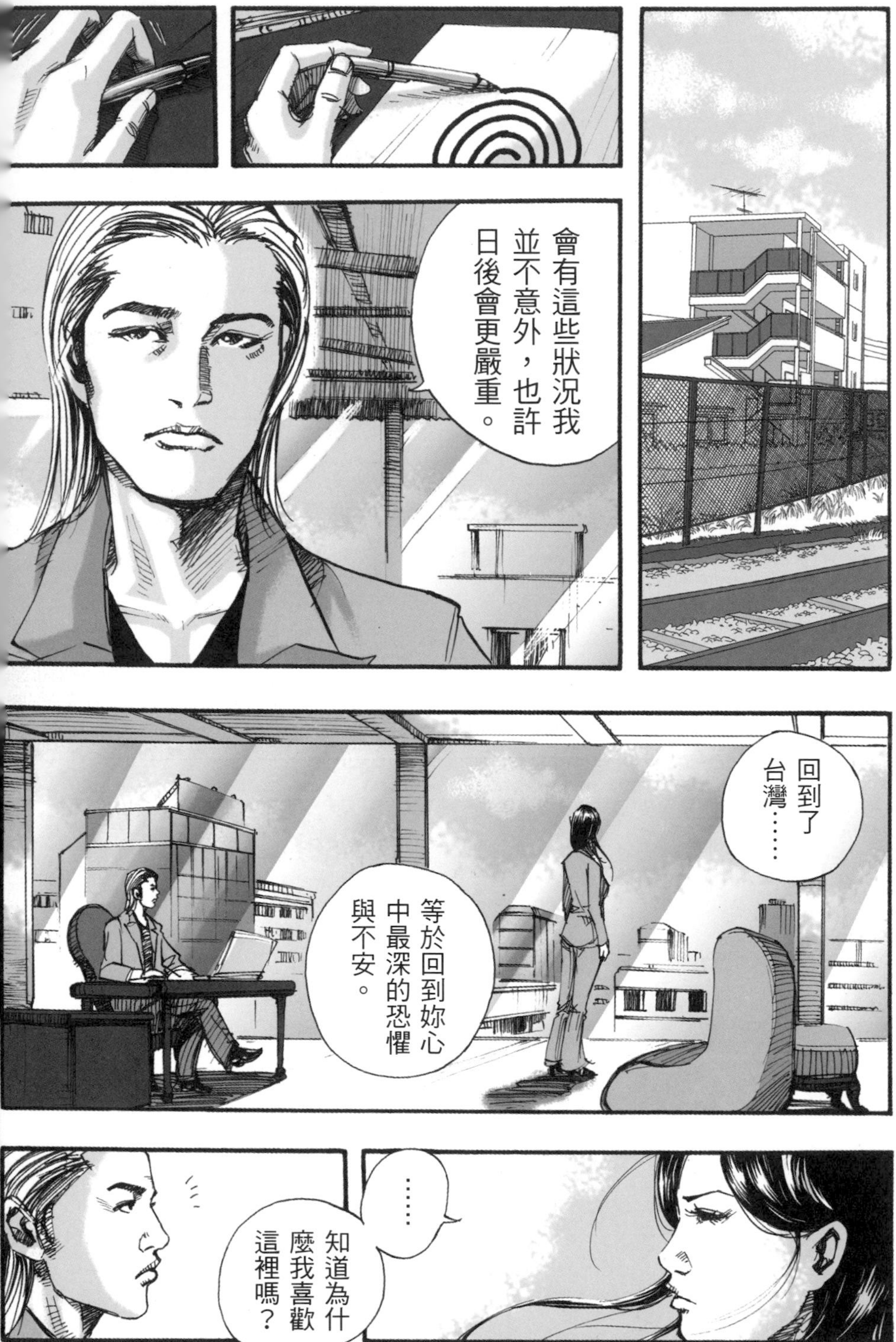

會有這些狀況我並不意外，也許日後會更嚴重。
回到了台灣……
等於回到妳心中最深的恐懼與不安。
……
知道為什麼我喜歡這裡嗎？

嗯！
當我在美國開業的時候妳有說過。
妳喜歡我把診療室布置得像車站月台一樣。
月台是告別的地方。
會來這裡的病人都是希望跟心中的陰霾告別，然後再繼續旅程。
多年來，很多人不再回來這個月台了。
可是也有人和妳一樣徘徊在我的月台。
我很納悶，是你們不想告別陰霾，還是告別不了這裡所給的感覺。

其實妳早該復原的……
妳的情形就像我剛才畫的圈。
我的工作就是引導妳向外圍繞出去。
可是妳身邊有些因素讓妳潛意識地往內鑽…

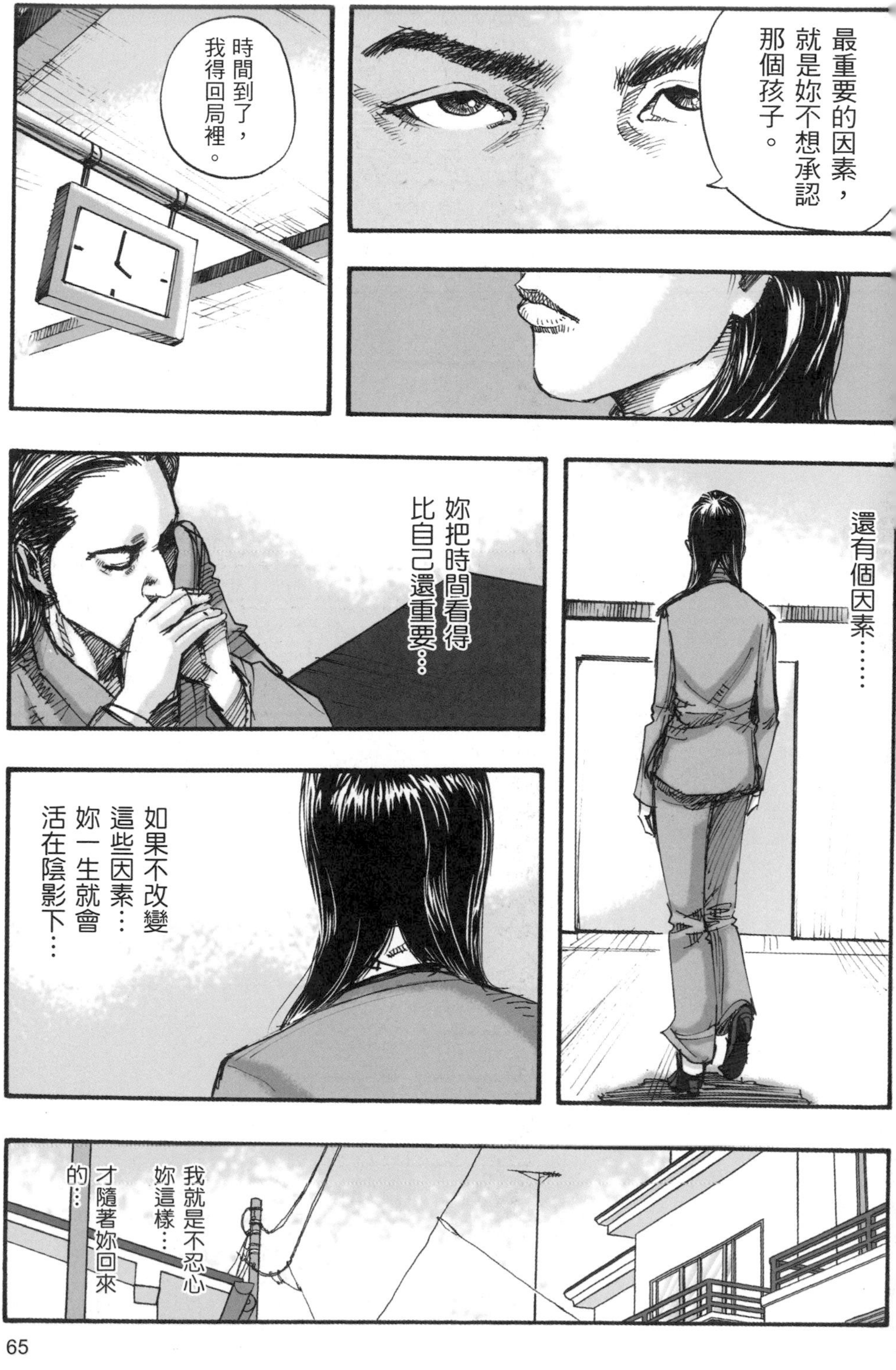
最重要的因素，就是妳不想承認那個孩子。
時間到了，我得回局裡。
還有個因素……
妳把時間看得比自己還重要……
如果不改變這些因素……妳一生就會活在陰影下……
我就是不忍心妳這樣……才隨著妳回來的……

新聞資料室
咦？也不在這裡…
阿德上哪去啦？
怪不得她那麼在意時間……
…只是遲了五分鐘…

聯●報
女學生遭綁票凌虐
疑似報復，掃黑英雄之女遭綁票
墜入地獄的距離⋯⋯
只有短短的五分鐘
而已嗎⋯⋯
事後
范誠為平息追問，
才要她改母姓移民
到加拿大⋯
她的遭遇真的可憐⋯⋯
把書包還給我！
是小鬼們在吵架嗎？
唰！

操！一點值錢的東西都沒有！
我看我乾脆把你的課本燒了。
……
這樣你就有藉口跟父母拿錢給我了。
呵！如果我有錢，一定會找一個比你更強的來對付你。
讓你嚐嚐被欺負的滋味。

操！你是被揍上癮了是吧!!
咳!!
……
!
!!

哇！快跑啊！
等等我呀！
唔噗！
現在小鬼真囂張！大庭廣眾就勒索。
小子你沒事吧？
遇到這種事怎麼不反抗咧？

幹嘛要反抗？
反抗只會被揍得更慘。
謝謝！
!?
⋯⋯
3870560
顏孝誠
怎麼最近跟姓顏的這麼有緣啊⋯⋯

這是近三個月劉董的行事曆。
他都是照著上面的行程走。
妳有發現什麼異常的地方嗎？
行程跟通聯紀錄找不到任何可疑之處…
……
如果所有事真的都是他幹的，那他也做得太周詳了。
掛號！

陳祕書，我們先告辭了，有事再聯繫我們。
嗯！好的。
咦？劉董什麼時候訂這個的？
訂什麼?!
他訂什麼快給我看！
喔！……好……
會在這節骨眼買這東西，的確很可疑喔～
而且日期是明早凌晨一點……
!!

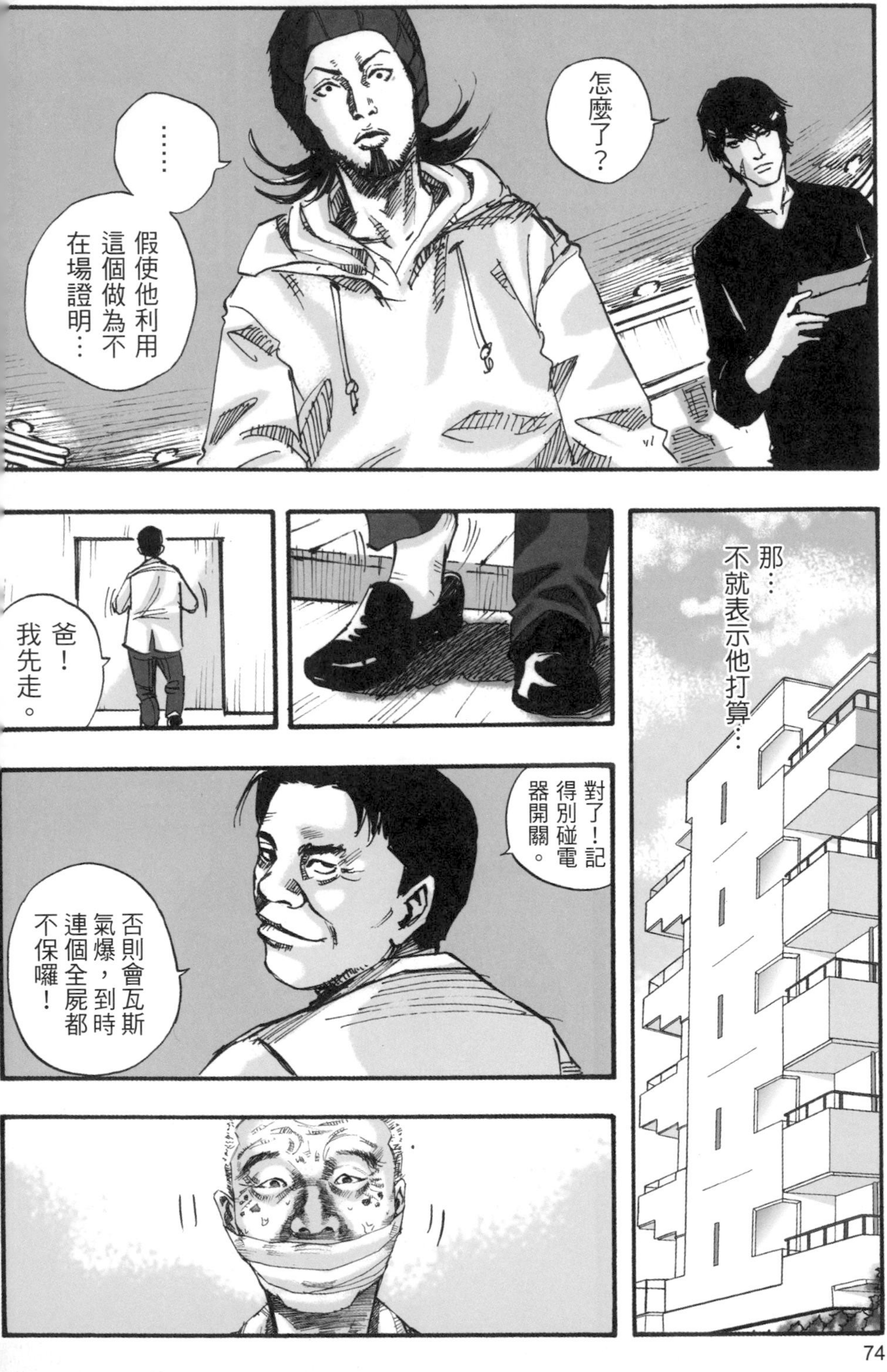

怎麼了？
……
假使他利用這個做為不在場證明…
那…不就表示他打算…
爸！我先走。
對了！記得別碰電器開關。
否則會瓦斯氣爆，到時連個全屍都不保囉！

第四回
瘋了…笑了…

嘖！
這小子上課根本不專心嘛～
⋯好好的課本畫成這樣⋯
不過畫得不錯。
我看明天一早幫他送回學校吧⋯

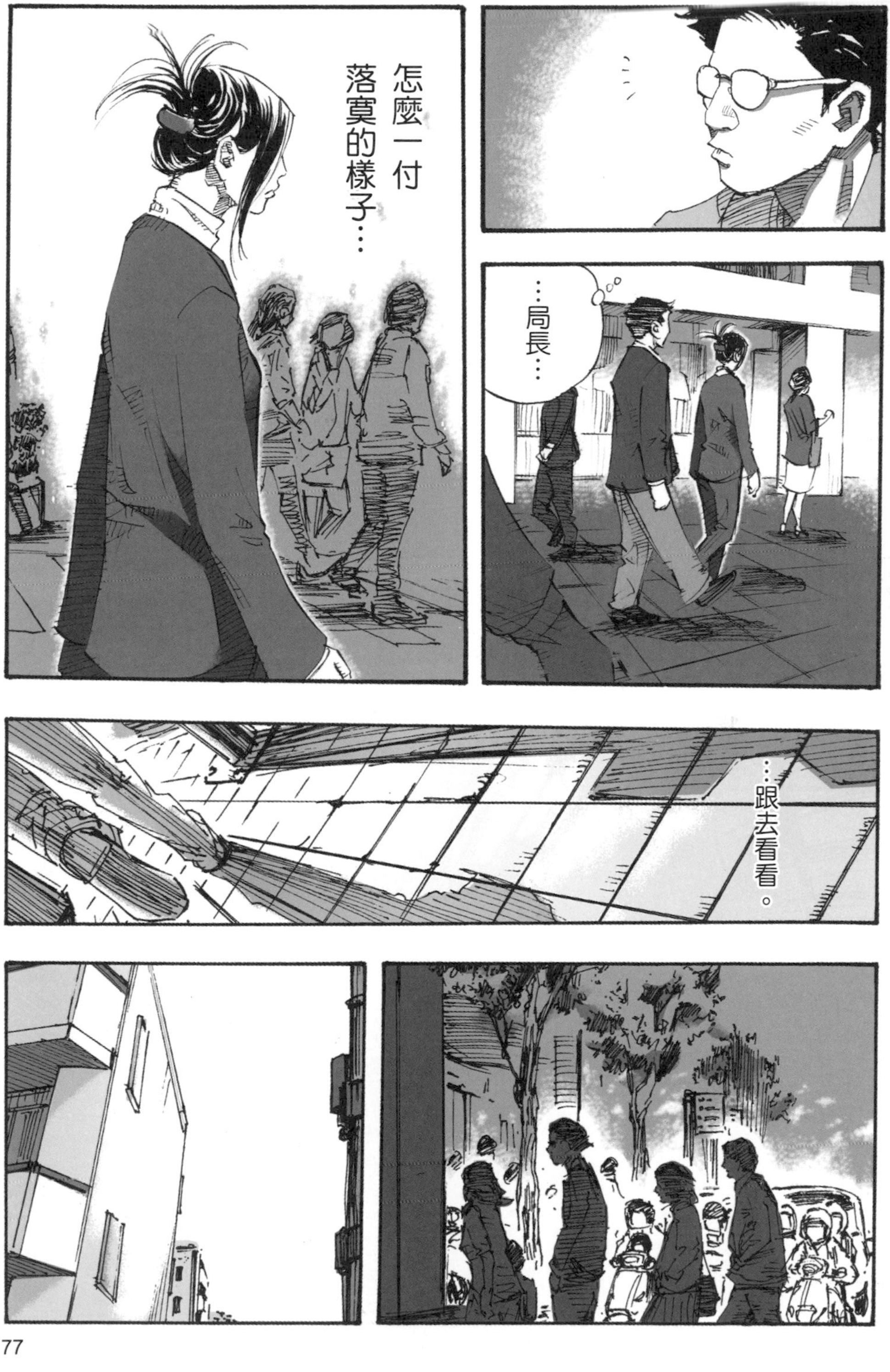
……
怎麼一付落寞的樣子…
…局長…
…跟去看看。

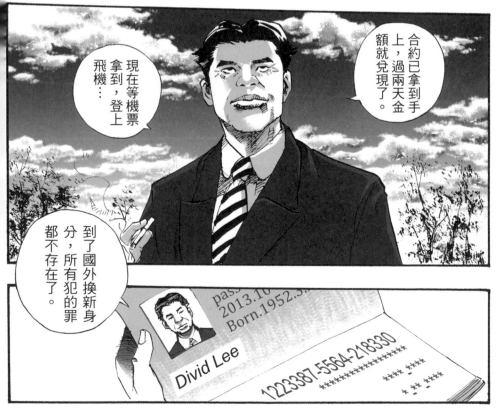

陳祕書快到了吧！
合約已拿到手上，過兩天金額就兌現了。
現在等機票拿到，登上飛機…
到了國外換新身分，所有犯的罪都不存在了。
Divid Lee
1223387-5564-218330

你們祖孫別怪我…
是你們先切斷我對劉家的感情的…
董事長，對不起我來晚了！
沒關係。
機票我帶來了。
麻煩妳了～
這幾年辛苦妳了，雖然公司換新老闆，不過他向我保證會維持原狀，所以請大家放心。
嗯！
機票～
謝謝！

劉董想要去哪個國家啊？
不太好吧～令尊還生死未卜。

!!

兩位警官怎麼會在這！不過來得正好。
托兩位的福。
我原本想登門道謝呢～
我和對方順利簽好併購案，父親也安然回家了。
喔～謝啥？
那真是可喜可賀～
你們父子才剛團聚…
你又要出國啊？

呃…是啊！
這次出國主要是找個地方和父親安享晚年。
我很後悔…當初為了要保住公司而間接害死文龍。
當我以為在保護一個「重要」的東西時…
卻可能失去更多……
經過這件事，我才體會到沒有什麼東西比親情更重要的。

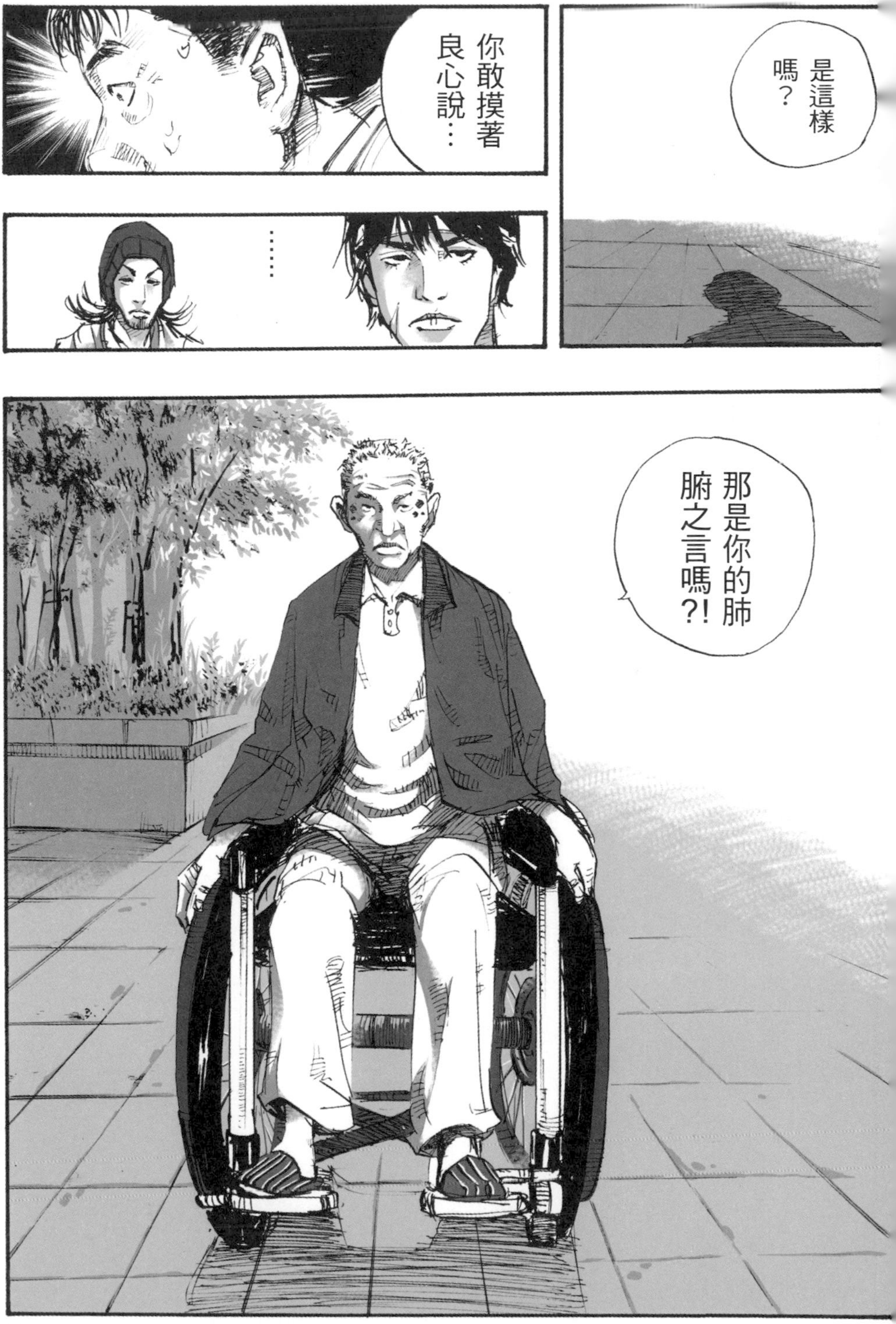
是這樣嗎？
你敢摸著良心說…
……
那是你的肺腑之言嗎?!

難道你對待我劉家的方式！
就是你所謂的親情!!
就為了得到我劉家的財產！
害死文龍還企圖謀殺我！
你還有臉在這振振有詞說自己重親情！
……
呵！

別一付好像受害者的樣子。
…如果今天是你們祖孫贏了，我的下場又是如何？
今天劉家會因為利益而弄得骨肉相殘…
都是因為你的私心造成的！

我很感念當初我雙親過世後您收養我。
那時候您把我當親生的一樣照顧⋯
為了報答，我把公司經營出好成績，
而讓國外企業想要高價收購。
當我在接洽時，你卻將股份轉到文龍名下，以得到談判權把我踢出局。
正因為我身上流的不是劉家的血，你就出賣我。
即使我為劉家付出這麼多心力。
你的親情就值我手上這些合約嗎？

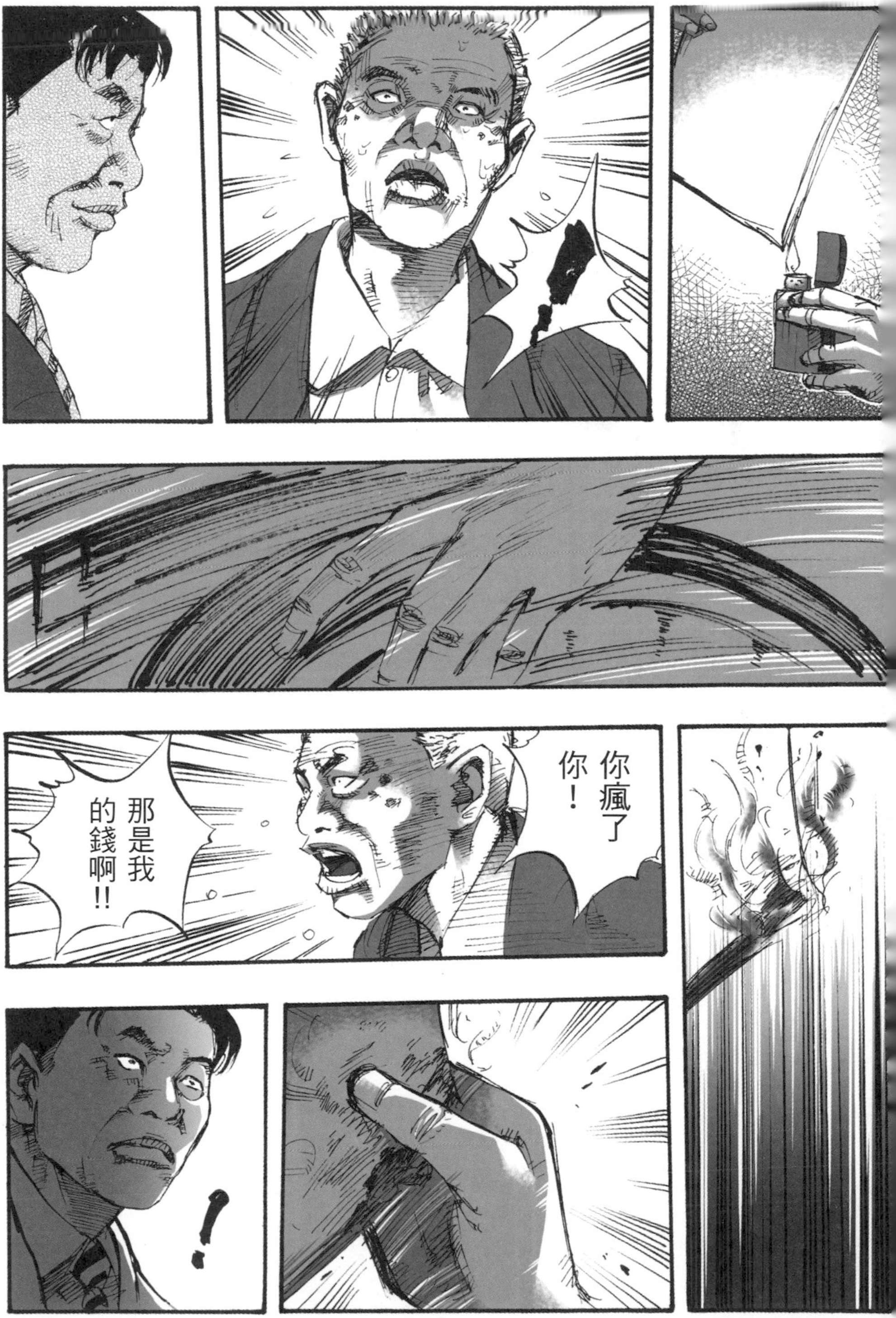
你瘋了你！
那是我的錢啊!!

該停手了吧！
你的行徑，比背叛你的父親更加醜惡…
受到背叛就可以有正當理由報復嗎？
在我看來，你是用報復作為幌子。

好掩飾你也想得到這筆資產的貪婪。
！
如果只是單純地想報復。
你大可輕易殺了對方，還需要自導自演這些戲碼得到這筆錢嗎？
……

劉昌裕
我現在以涉嫌殺人與殺人未遂的罪名逮捕你。
哈哈哈！對！快把這瘋子抓起來！
……
…為什麼？
法律只審判犯罪的人。
逼人犯罪的人，卻可以不用被制裁…

你錯了！
你看他，
他受到的制裁不會比你輕。
哈哈哈！文龍你看！是合約耶！
轉了一圈，錢還是回到劉家了！哈哈！
老天判他失去一位原本孝順的養子和一個心愛的孫子…
好幾次我夢見祖孫三人和樂的生活著，不過夢終究是夢，仍然和現實遙遙相隔…

如果這件事發生在我…
不可能！你這輩子發不了財！
靠北喔！
這案子結案啦，晚上去喝一杯吧！
我們也要去！
哈囉！
欽嫂、小君！
妳是不是在這裝針孔？否則每次慶祝妳都知道。
嗶
針孔探測器

結案慶祝是我爸訂下的規矩，我怎麼會不知道。
只要有人告知有案子結就好啦～
喔～原來針孔在這裡啊～
那我們出發吧！
欽嫂跟小君坐我的車。
咦？阿德呢？他不一起去嗎？
我們到了再打給他。
他已經消失一整天了。

……
這裡剛剛不是有經過……
看來真的有事在困擾著她，自己在繞路都沒察覺……

應該是回到台灣又勾起那股可怕的回憶…每天都板著一張臉…
……她笑起來是什麼模樣呢？
啊！
抱歉！
沒關係！

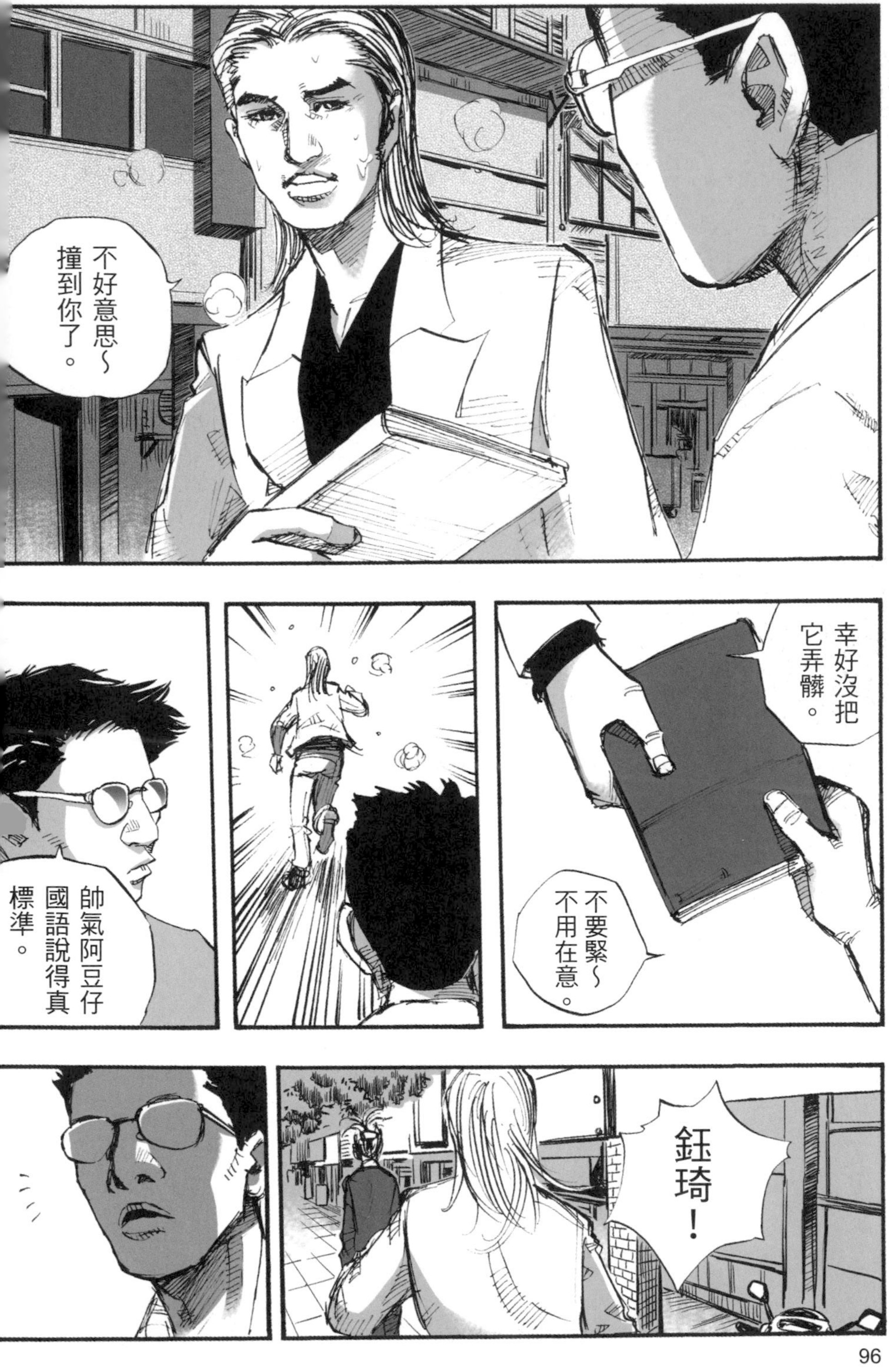
不好意思～撞到你了。
幸好沒把它弄髒。
不要緊～不用在意。
帥氣阿豆仔國語說得真標準。
鈺琦！

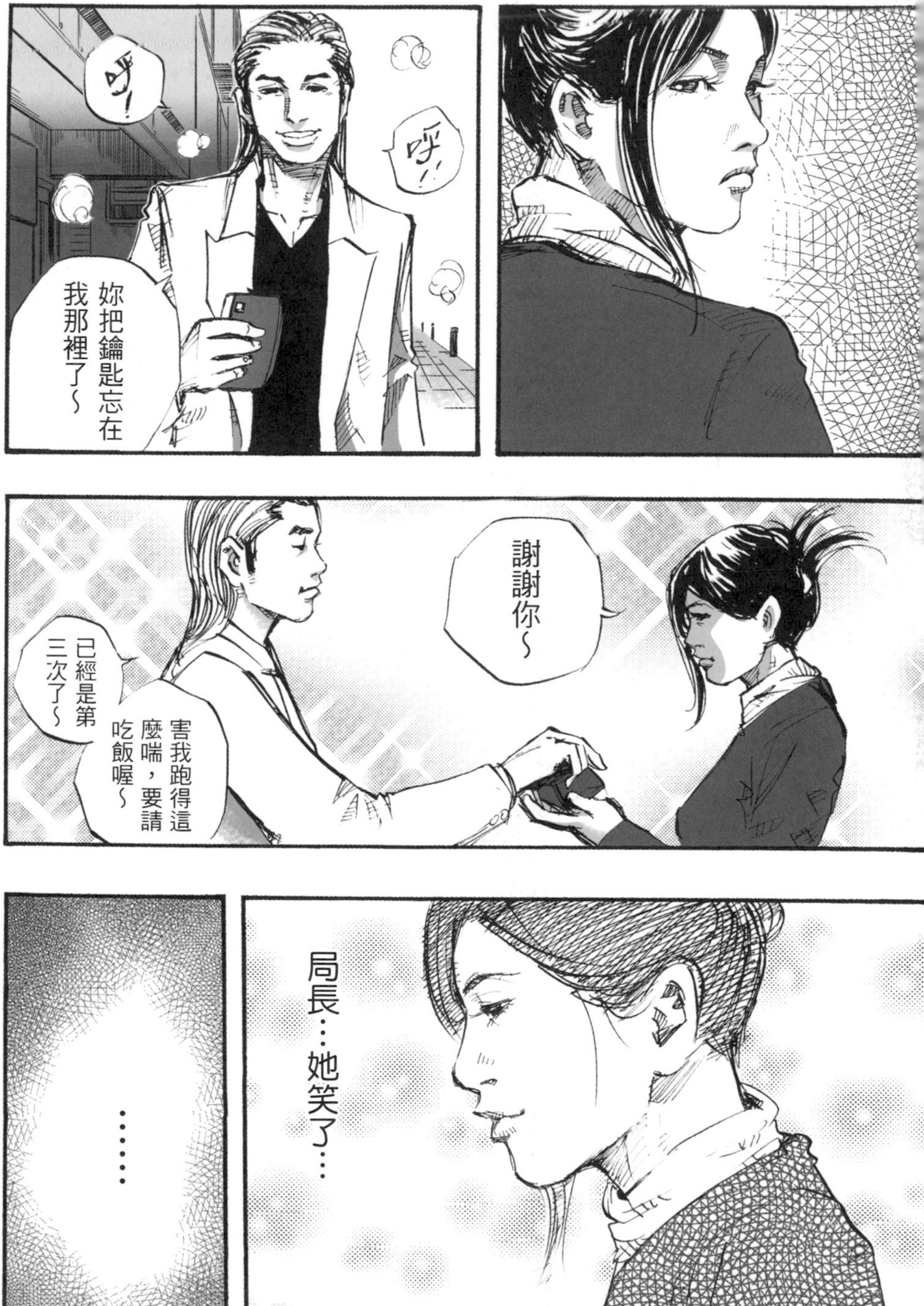
呼！
呼！！
妳把鑰匙忘在我那裡了～
謝謝你～
害我跑得這麼喘，要請吃飯喔～
已經是第三次了～
局長…她笑了…
……

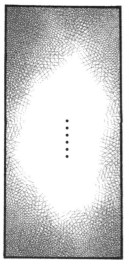

不！不要過來⋯
哇啊!!

第五回

KILL

第一次看見她笑了⋯
原來她笑起來這麼動人⋯

⋯可是我為什麼會有種落寞感⋯
也許是⋯和她面對面的那一個人，不是我吧⋯。

嘖！
她又不是我的誰，鬱卒啥呀！

哇啊!!
!!
……
巷子那麼多！聲音是從哪傳出來的啊?!
嘖！

平價熱炒
100起
呿！
怎麼？還是語音信箱嗎？
嗯啊，不知道在忙什麼⋯
嘿！我猜德哥一定在忙有關局長的事吧！
鈺琦？
怎麼會⋯
咕！別懷疑。
德哥第一次見到局長就「煞」到她了。
雖然第一天見面就被訓一頓。

可是以鈺琦的個性，我擔心阿德他會受傷害啊。
欽嫂，我們無須擔心這個。
就隨他去吧！
不管成功與否…只要他想做的…
在得到結果之前…
德哥都會不斷地嘗試去做。
呼！
呼！
呼！呼！這是最後一條巷子了！

是她殺的嗎？⋯⋯
不可能！
⋯她只是個小女生⋯
她不可能有那麼大的力氣⋯
去⋯徒手殺死一個人⋯

快離開吧，當作沒看見。
他罪有應得。
是…是妳殺的嗎…？
…
我必須逮捕妳！
我是警察。
……

嘖！
唰！
快停下來！
否則我要動手了!!

我沒看錯吧……
怎麼可能……
徒手就把……
角木切斷……

拜託你！也請你轉告其他警察不要追捕我…
我不想殺無辜的人…
只剩最後一個…
讓我殺了最後一個。
殺了他！我會自動投案的…
……

呃！下雨了。
……

呼～這場雨會下多久啊？
等雨勢變小一點再回家。
X你娘咧！
啥小天氣!!害林北全身都淋濕了！
……

哭啥小！要恨就恨妳老爸！
他們想殺絕我們，我們只好抓他女兒來當護身符！
不要怕！這陣子我們會好好疼愛妳的。哈哈哈哈！
怦！
怦！
是他…
啥小！連「賴打」都淋壞了！
小姐～有沒有打火機？借一下。

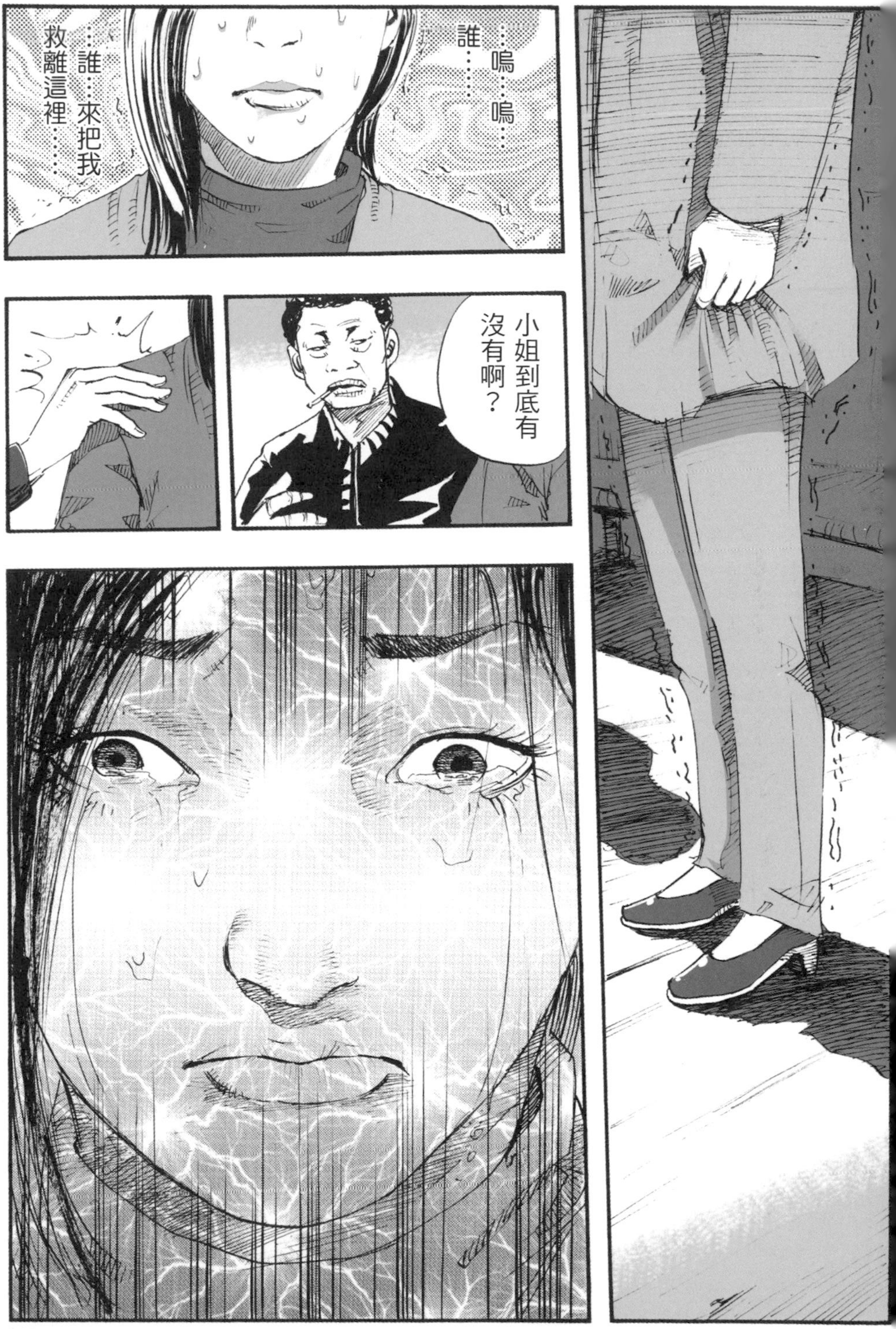
……嗚……嗚……
誰……
……誰……來把我救離這裡……
小姐到底有沒有啊？

媽。
媽妳怎麼了？沒事吧…？
我…想說妳出門時沒帶傘，所以…
呃…沒事…
……
謝謝你~小誠。我們快回家吧！

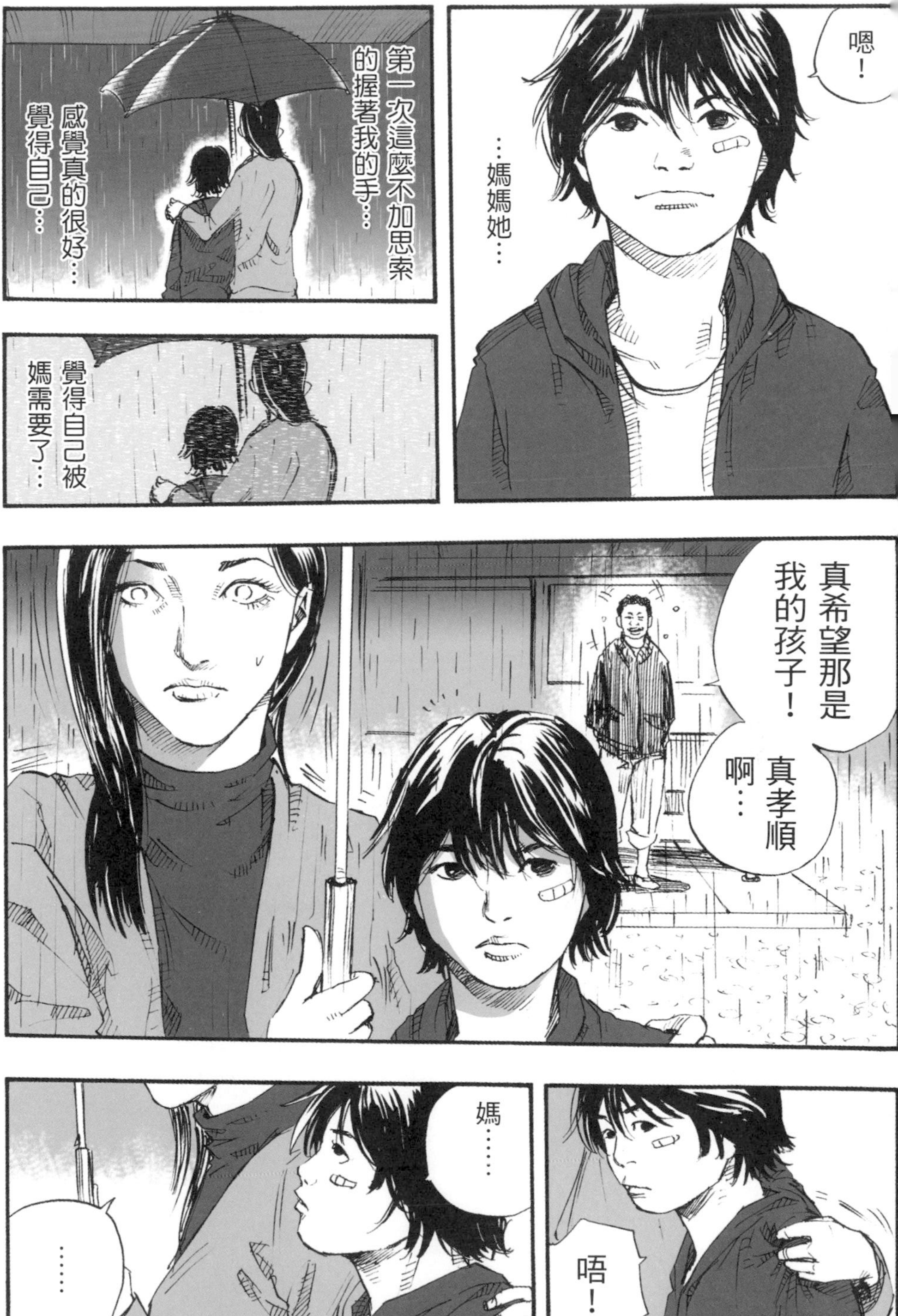
嗯！
……媽媽她……
第一次這麼不加思索的握著我的手……
感覺真的很好……
覺得自己……
覺得自己被媽需要了……
真希望那是我的孩子！
真孝順啊……
唔！
媽……
……

雨越下越大，媽媽的腳步也隨著加快……
彷彿是急著想逃離……
媽，喝杯熱茶～
媽，明天學校有……
進房去睡吧！
……
那……妳也早點休息……

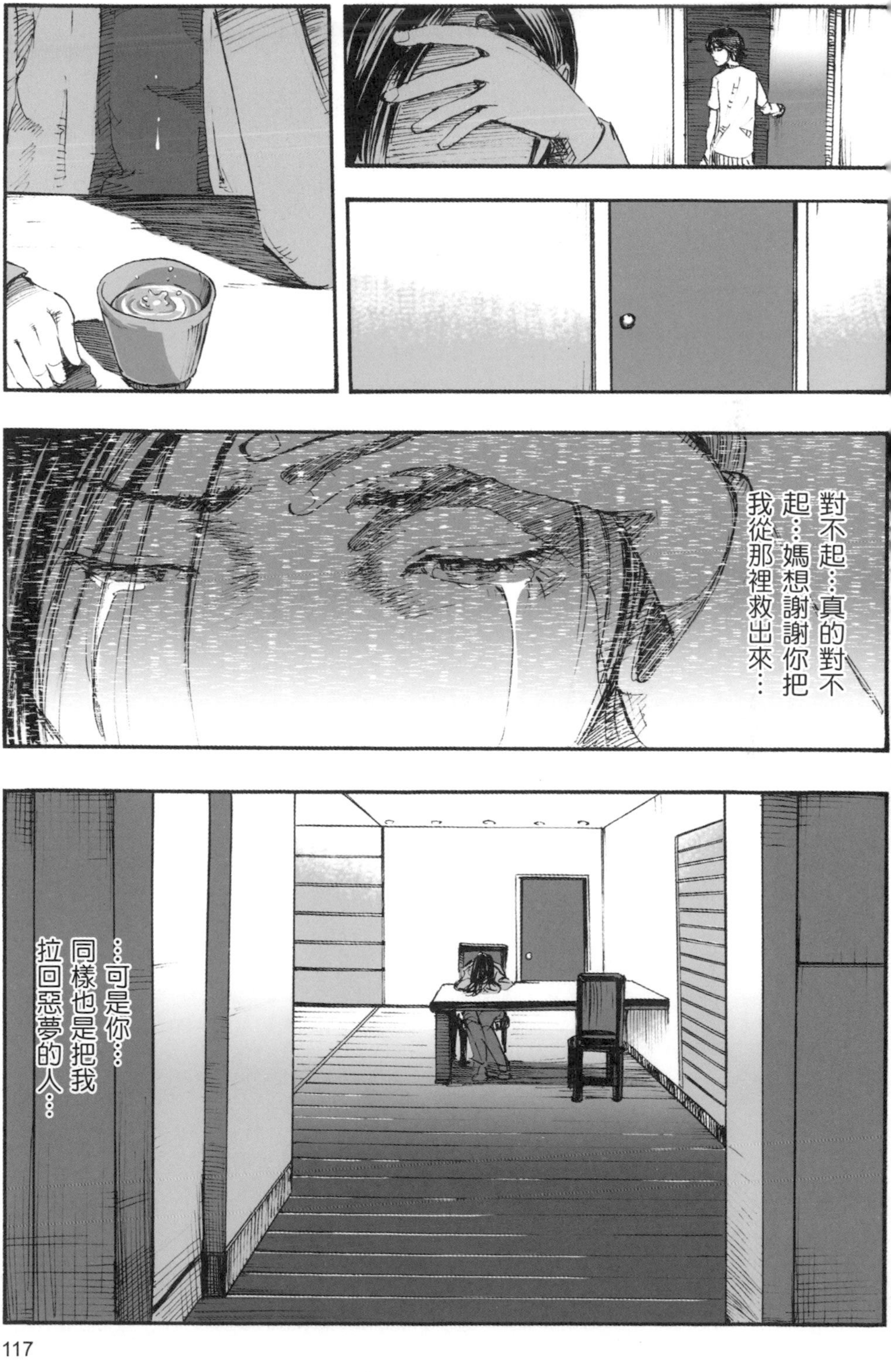
對不起…真的對不起…媽想謝謝你把我從那裡救出來…
…可是你…同樣也是把我拉回惡夢的人…

…嗚…嗚…既然妳…
那麼討厭我…
…為什麼還要
生下我…嗚…嗚…

看來這場雨有得下了。
呼~討厭下雨…
阿武怎麼尿那麼…
驚嚇!!
嗯嗯唔嗯!(救命喔!)
唔嗯嗯唔嗯嗯嗯(我怎麼搞都搞不定它)
哇哈哈哈!你樣子好白癡喔!
咔嚓
嗯嗯嗯!(不准拍!)

嘖！
拿去投稿
下期《警訊》
看你笨手笨腳
的。過來啦！
我幫你綁。
蹲低一點啦！
不然我怎麼綁！
妳要不要進
去借張高椅
子啊～哈比
人～
再低一點！
……
再吵就不幫
你綁囉！

!
……
快上車!!
有狀況了！

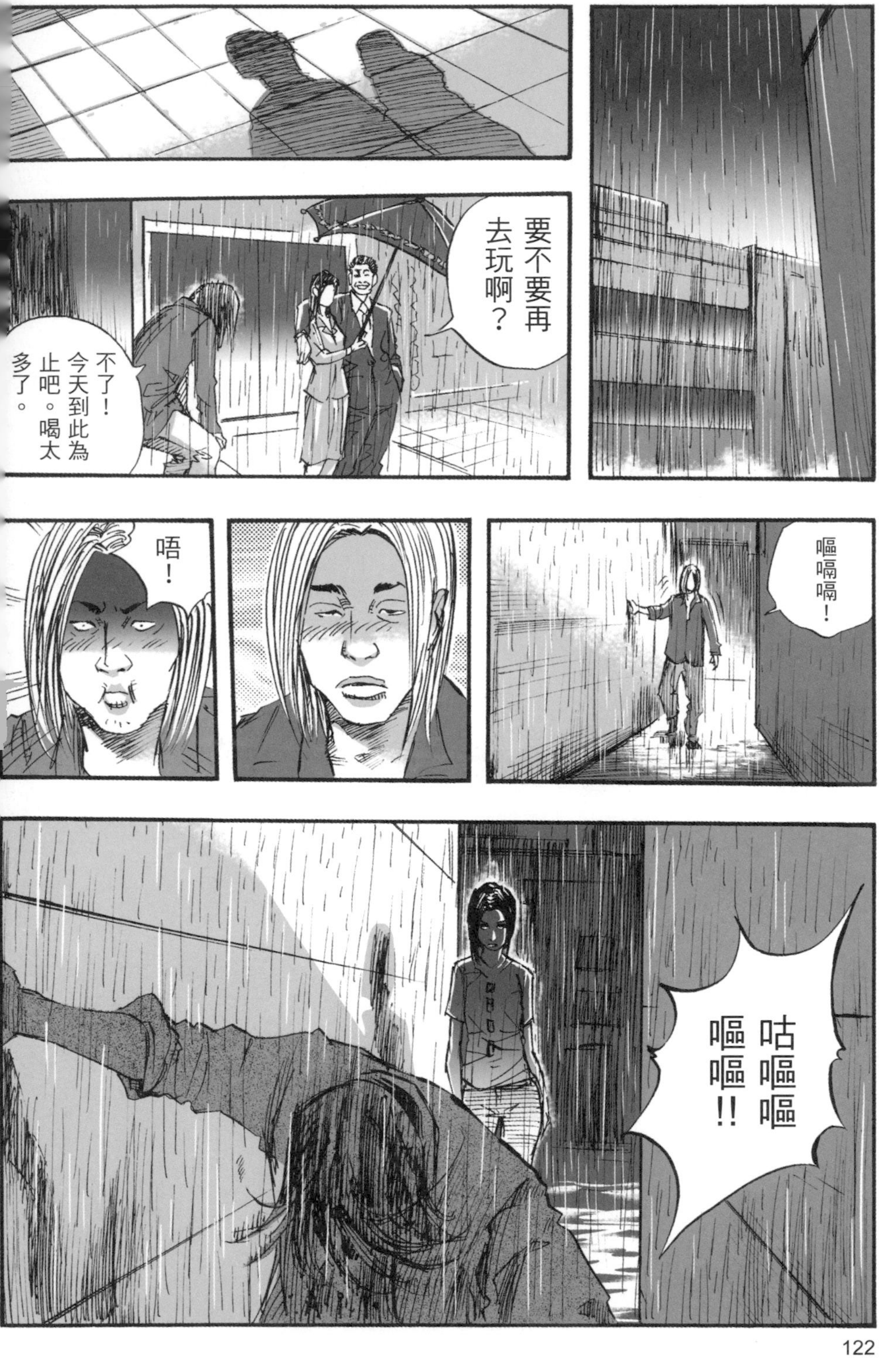
要不要再去玩啊？
不了！今天到此為止吧。喝太多了。
嘔嗝嗝！
唔！
咕嘔嘔嘔嘔!!

第六回
追殺

怎麼可能……
她…她不是…
已經…
……
死了嗎…

看傷口，兇手一定很清楚人體的要害。
你確定兇手沒武器嗎？

……
我肯定她襲擊我時是徒手。
如果不是用利器攻擊那可厲害了。
還有件怪事。
我找遍現場就是找不到死者的無名指。

……
各位！我們在這枯想也找不到答案，而且雨這麼大。
小馬你去找鬼見愁，看有沒有相似案件。
順便去查訪死者親屬。
收到。
阿德你拿這些角木去比對指紋，並描述兇手長相。
發哥，那我咧……
是不是去追查兇手下落。
想的美!!你先去買檳榔，我快冷死了
吼喔喔喔~這是什麼鳥任務啊！
信不信我扁你啊！
順便帶條菸回來！

你先別急。
時機一到，我會給你一個特別任務。
你
最好不要晃點我，不然把你阿魯巴阿到死。
……
不過這之前先去買包檳榔。
快去快回，乖喔！
喵嗚！
發哥，是什麼任務啊？
阿災？總會有。

請問這是令尊嗎？
是啊。
這次是什麼？聚賭？嫖妓？還是傷害？
不！他今天傍晚的時候遇害了。
喔！死了啊！
妳知不知道他往來的人或者…
完全不了解。謝謝你告知，我會找時間去認屍的。
……

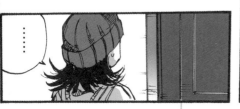

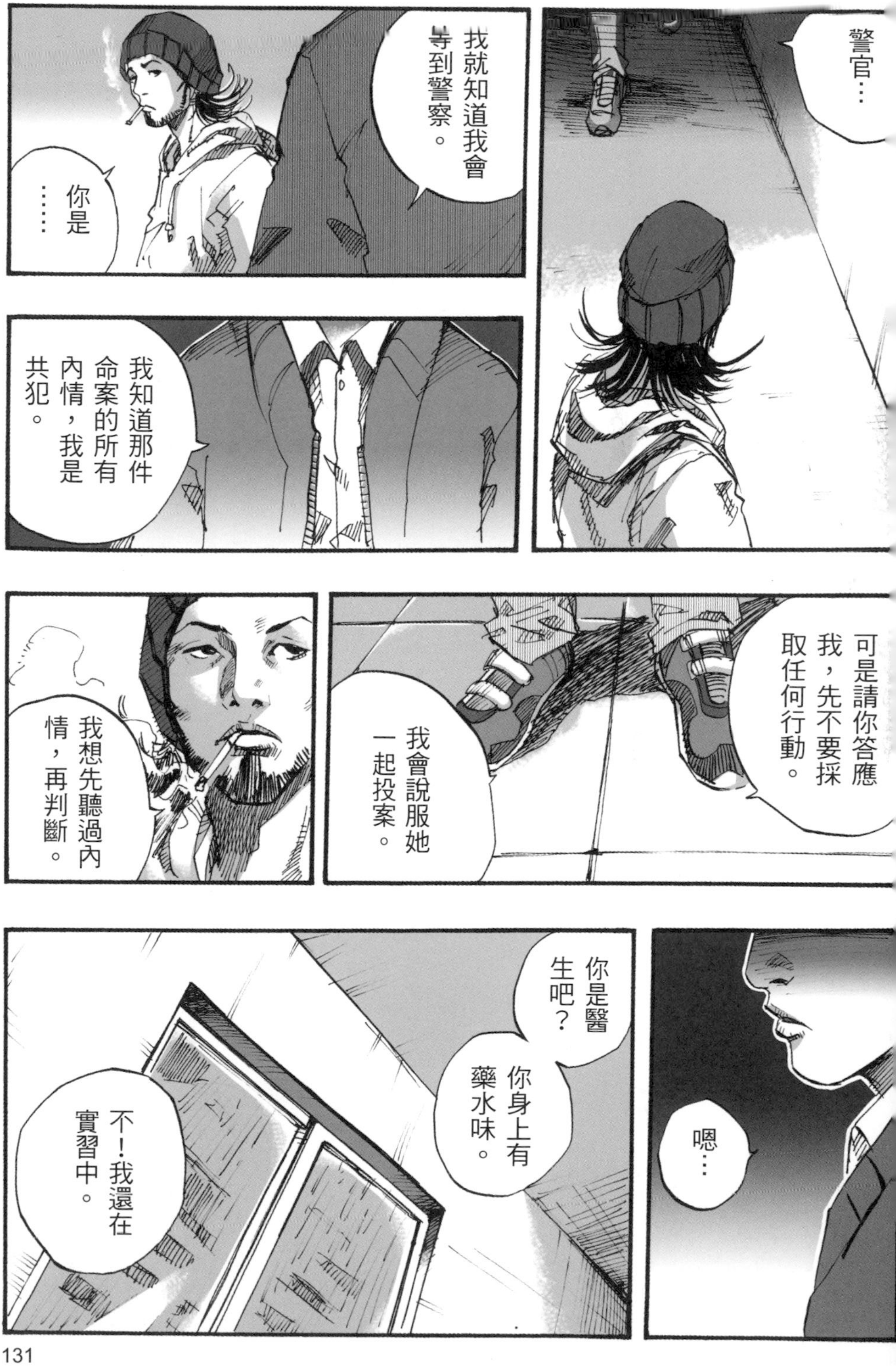
警官……
我就知道我會等到警察。
你是……
我知道那件命案的所有內情，我是共犯。
可是請你答應我，先不要採取任何行動。
我會說服她一起投案。
我想先聽過內情，再判斷。
嗯……
你是醫生吧？
你身上有藥水味。
不！我還在實習中。

終於……剩下你一個了。

不可能…不可能…妳明明已經死了……
是啊！我應該死了。
六個月前在一處廢棄工廠。
被你們…還有我的繼父…

嗚⋯
嗚⋯⋯
嗚⋯
哦～阿勝，你女兒發育很好喔！
嗚⋯

不過你真夠變態，還叫我們來享用你女兒。
不要五十步笑百步。
在場的誰沒和她媽媽搞過，我是念在都是表兄弟才找你們來。
再說，她又不是我親生的。嘿嘿嘿～
……
嗚…嗚…你不怕…
我…我跟媽媽講嗎…
哈！哈！啊！妳還不知道嗎？
哈！哈！我說阿雪

我們是得到妳媽的同意喔！

……
不可能……
…我一直在討好她，她不會這麼對我…
妳知道妳父親在外面亂搞的事吧？
在那之後，妳是不是好幾次都撞見我們跟你媽好上了。
!!
也許妳認為她是在報復。
她的確是……
不過她報復的對象不只是妳父親。
還有妳啊。她是故意讓妳看見的。

因為妳是妳父親唯一留下來，可以讓她發洩的對象。
……
真的變態的是妳媽啊。
……
……
……

嘿嘿嘿……
妳就乖乖認命，我們會很溫柔的。
嘿嘿嘿…

嘿嘿嘿⋯下次記得再叫我喔。
爽翻了。

嘻!嘻!嘻!
……
嘻!嘻!嘻!
嘻嘻!原來…
報復的感覺這麼令人舒暢啊!嘻嘻嘻嘻…
…她…她瘋了…
媽的!老子殺了你!!
!

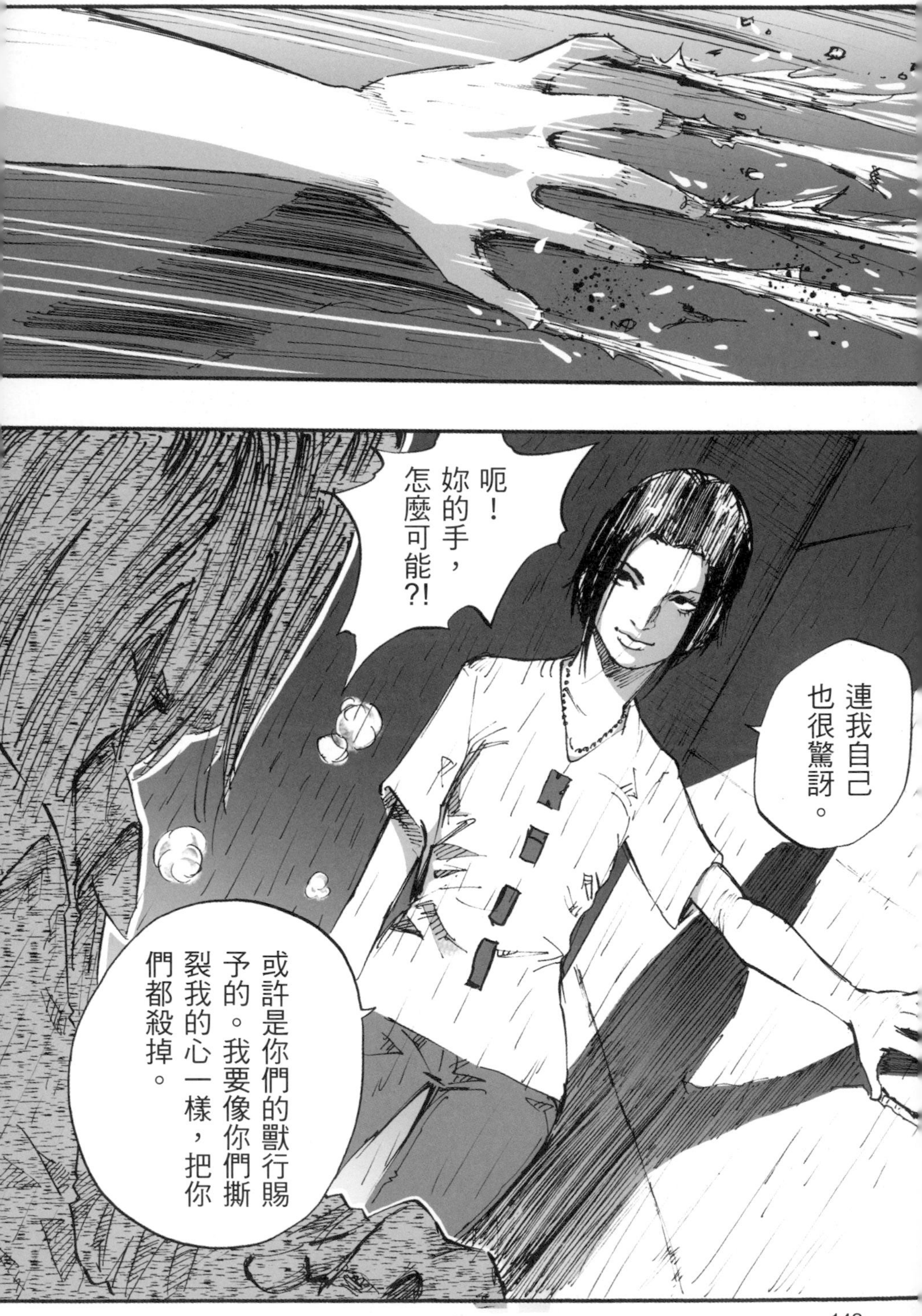
呃！妳的手，怎麼可能?!
連我自己也很驚訝。
或許是你們的獸行賜予的。我要像你們撕裂我的心一樣，把你們都殺掉。

!!
小雪！住手!!
請妳住手……
哇啊啊！救命啊！
算了，別追了。

小雪…
放過妳自己吧！
我錯了，我學醫是想救人，而不是傳授如何殺人。
對不起……
我沒遵守約定。
我把所有的事告訴警方了。

既然這樣就沒什麼好說的。
……
小雪！十字架！
妳殺了最後一個，記得把十字架放在我們初遇的地方！
這樣我就知道妳安全了。
然後照我們的約定，逃得遠遠的，不要再回來了。
聽見了嗎?!

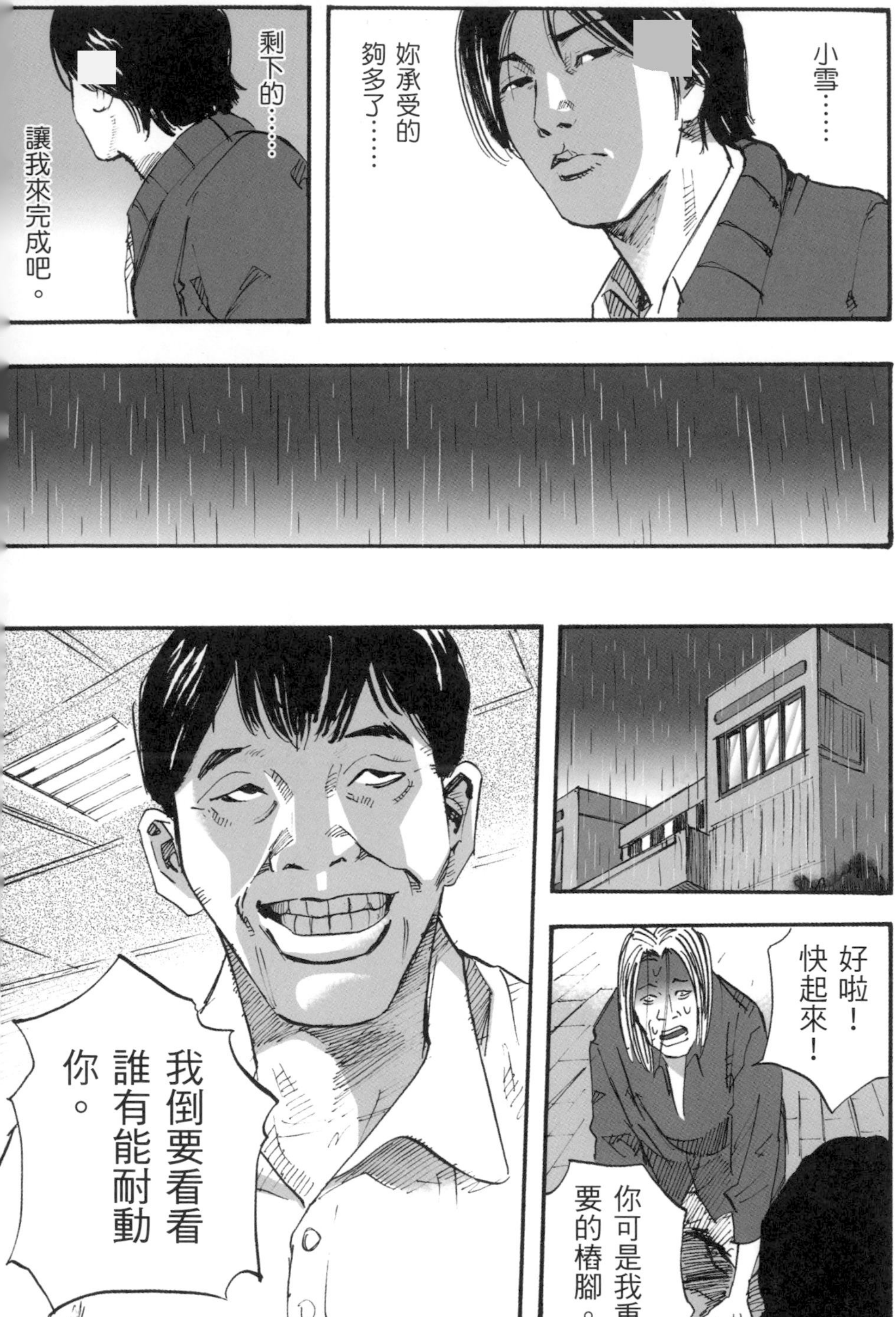
小雪……
妳承受的夠多了……
剩下的……
讓我來完成吧。
好啦！快起來！
你可是我重要的椿腳。
我倒要看看誰有能耐動你。

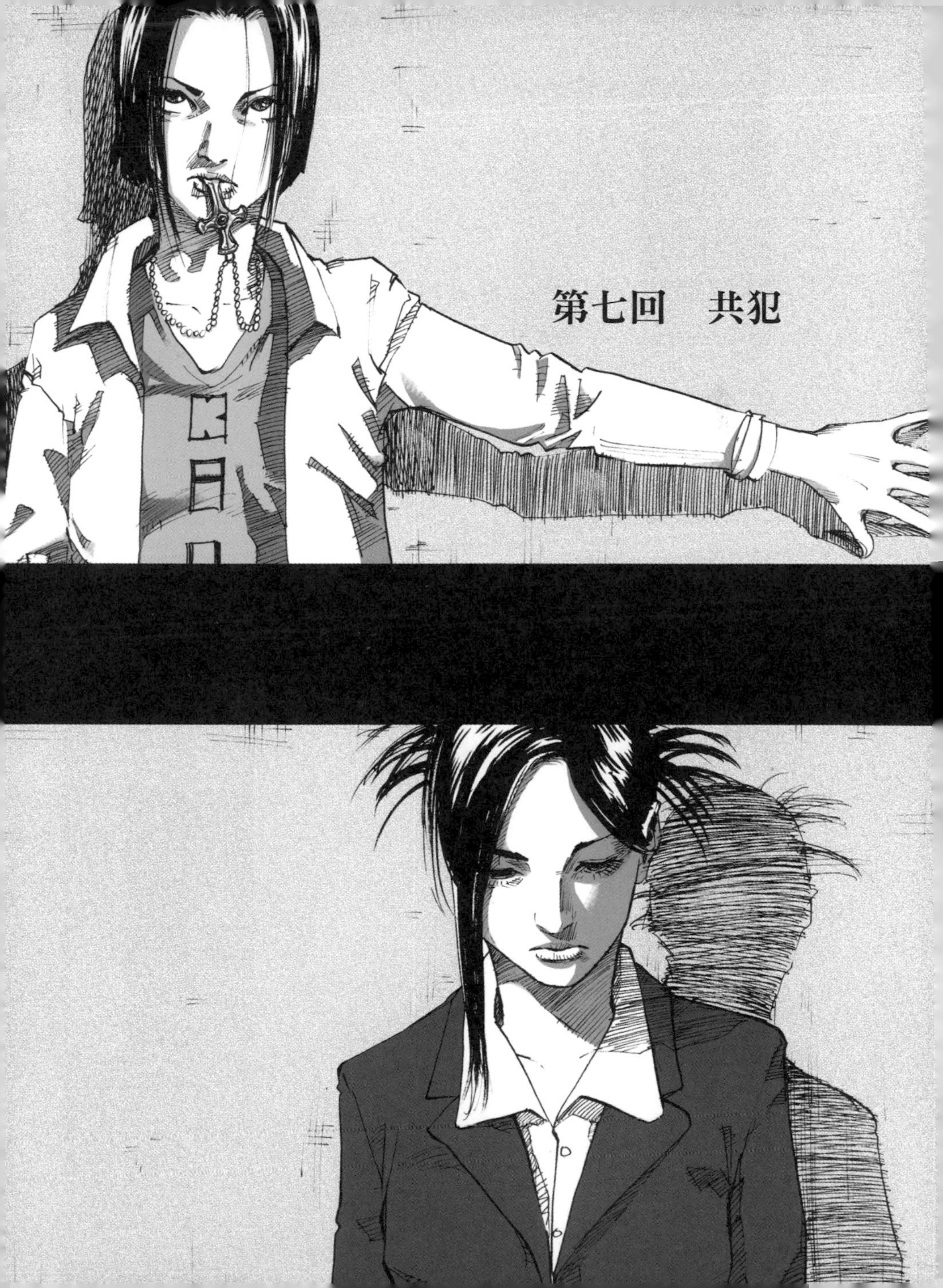
第七回　共犯

兇手跟死者之間的仇恨始末，就是這樣。
竟然會有這種荒唐事！這個社會越來越病態了！
馬志翔！你的行為是失職你知不知道!!
唔！
後來你怎麼沒跟去阻止那個叫小雪的？

局長…
吳組長，發生這麼大的事，為何不回報！
呃！局長怎麼會知道有案件…
我計畫今晚把資料彙整好，明天一早向妳報告。
不用等到明天。現在向我報告！為何馬警官放走嫌犯？
小馬的確失職，如果是我一定跟去。
跟著去幫忙嫌犯痛宰那個人渣！
對喔！是我疏忽了～抱歉～
這種話竟會從警務人員口中說出來！
令人難以置信！

顏局長~我看警務人員有需要再教育喔！
我想這個議題，在下次會期中可以提出。
沒禮貌！你是誰啊？沒看見我們在開會嗎！
要報案，到樓下值班櫃台啦！
阿武回來~他是立法委員啦~
立法…演員…？那是什麼？
委員，我的部屬有眼不識泰山，請多包涵。
沒關係，我不會介意~
我剛剛跟妳通電話，就是要帶我的總幹事來報案並申請保護的。

怪不得局長會知情，原來已經關切過了。
這人渣，帶著靠山來局裡，惡人先告狀…
要辦他恐怕有點棘手，況且，目前無法證明他性侵害小雪…
你很噁心耶！
從一進門就淫笑個不停。
六個月前那個晚上…
你是不是和另外三個人渣，也這樣對著她淫笑？
呃？哪有？那天晚上…
那個晚上，他和我在討論選舉事宜。
呃！是！
差點就抖出來了說！

既然委員親自來報案，我們一定馬上受理！
千萬別這麼說，否則外界會認為我在施壓。警察保護人民天經地義啊！
那麼這案子交給屬下負責。
不！我另有人選。
你們進來！
哈哈哈哈！「急漲」真是知人善用啊～
各位同僚，請閃邊去喔～

驚嚇！是甄公正勇和屁精寶生！怎麼派他們啊？
噓！照局長的安排。
案子就由本局最優秀的甄隊長負責。委員應該沒異議吧？
嗯！不過保護的人選…
阿武！
之前你不是說要個超屌任務嘛！
你的任務就是明天起…二十四小時保護這位關係人！
!!

哈哈！有了警方的承諾，像吃了定心丸！
我大可放心了！
這樣，善良的百姓才能安居樂業對吧！
就如您所說的，警方打擊犯罪、保護人民是天經地義。
那我們先告辭。各位辛苦了～
甄隊長！幫我送委員。
……
局長。
擁有權力者就能顛倒黑白、隻手遮天嗎？
自古以來一向如此，不是嗎？

發哥，那這件案子，不就沒我們的戲份了～
當然有！
局長不是安排勇哥去搪塞立委，替我們爭取時間找證據了嗎？
以我們的能力，要避免和權力者正面衝突。
不過這種泯滅人性的罪犯……
在必要時，即使會玉石俱焚，我也要把他繩之以法。
嗚～德哥沒選錯女人……
真是讓我感動得想擁抱她～小君對不起…
好！開始討論細節！

100
吵翻天
熱炒
你跟那個女孩的媽媽就同居在這？
嗯！
我們要在警方找上門前，先跟她串好供詞。
是！
謝謝你出面，否則我不是死就是被關了。
魚幫水，水幫魚。快辦正事吧！
！
喀！
阿娥啊～

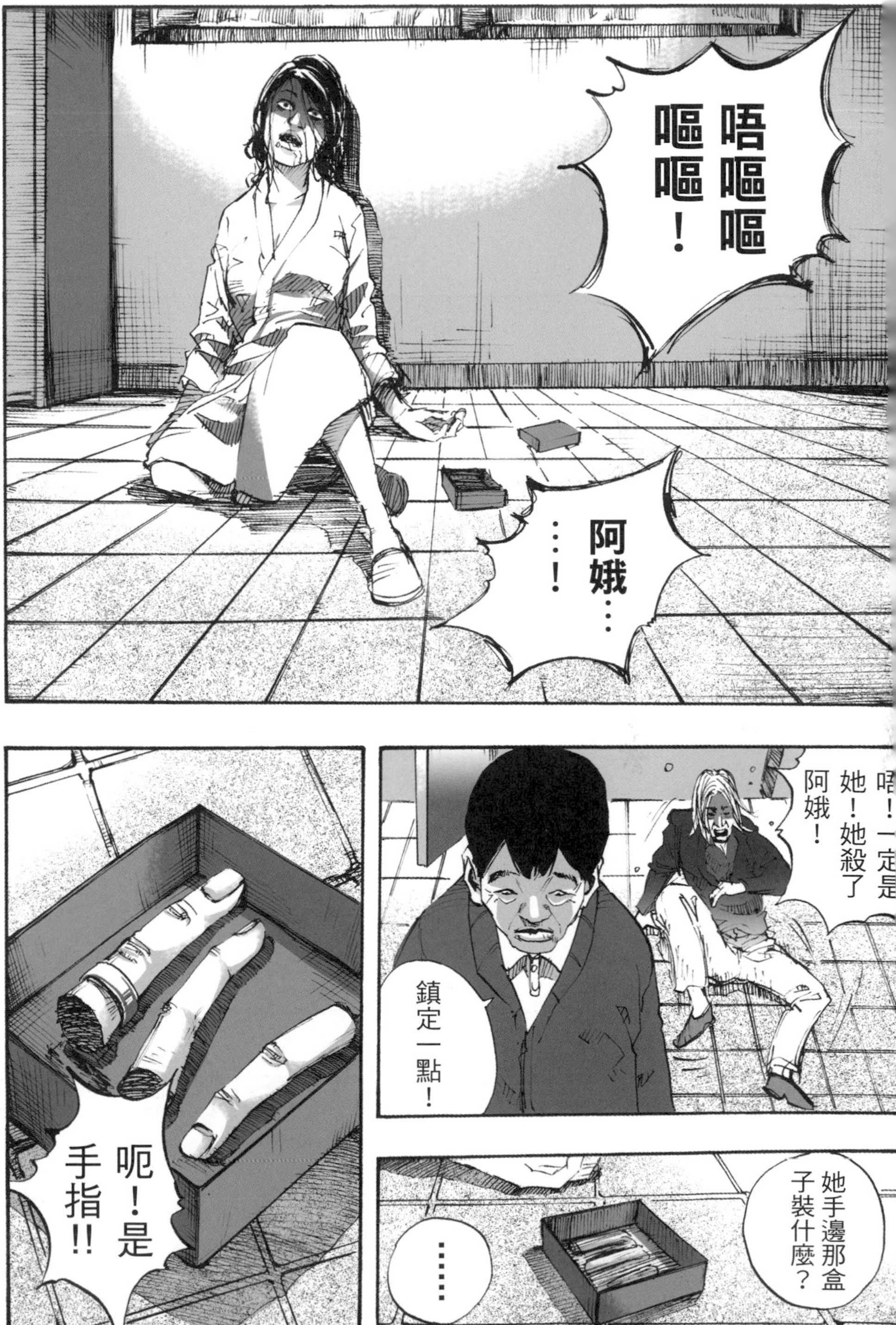
唔嘔嘔嘔嘔！
阿娥……！
唔！一定是她！她殺了阿娥！
鎮定一點！
呃！是手指!!
她手邊那盒子裝什麼？
……

手指…該不會是另外三個人的…
沒外傷，好像是收到包裹被嚇死的。
應該是…阿娥她有心臟的疾病…
走吧！記得把指紋跟腳印擦乾淨。
是！
要走可以…
不過，長毛的要留下。

…你是巷子裡那個人…
你想幹嘛…？
很簡單！跟我去投案，說出整個事實經過…
或者是，我現在就送你去跟你的姘頭作伴！
呵呵！
當被保護人回到住處時赫然發現…
兇手的共犯攜帶凶器，致使同居婦人心臟病發死亡。
嘻！多棒的筆錄啊～

昨晚於XX區發現一名蘇姓婦人心臟病發死於住宅，現場發現三枚斷指…
其中一枚經證實，是前天街頭命案的死者，另兩名死者屍體尚未尋獲。
警方在立委蔡台慶的協助下，逮捕一名共犯。
而將循線追捕另一名在逃嫌犯…
還有一個在逃喔！好可怕～
希望快抓到另一個變態兇手！
歹徒手段越來越殘忍了…
……

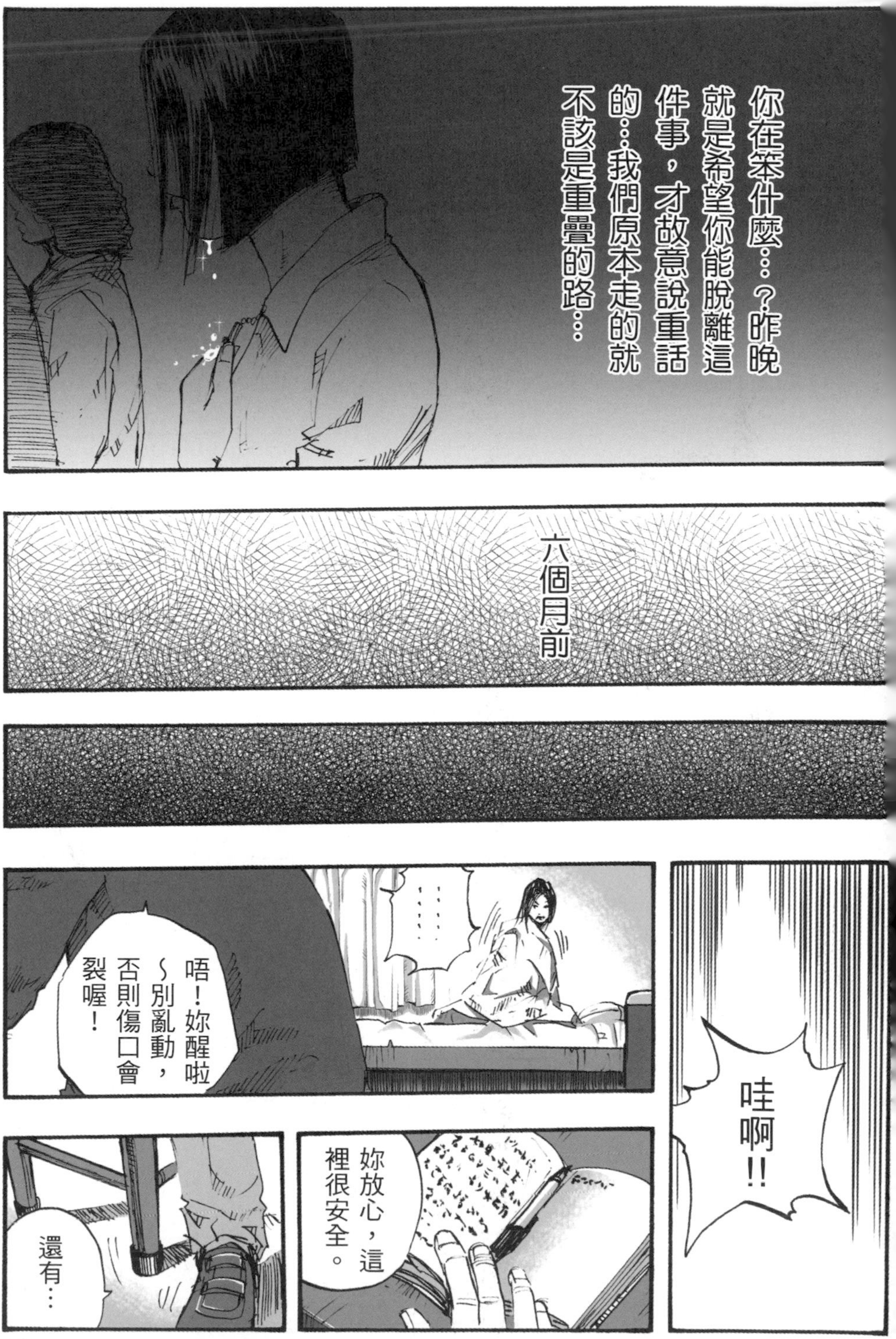
你在笨什麼…？昨晚就是希望你能脫離這件事，才故意說重話的…我們原本走的就不該是重疊的路…
六個月前
哇啊!!
……
唔！妳醒啦～別亂動，否則傷口會裂喔！
妳放心，這裡很安全。
還有…

我不是壞人，不要害怕。
……
你是誰？為什麼會在這裡？
因為呢～
這問題應該是我問的才對吧！
這裡…以前是我爸開的工廠。

我媽很早就過世了，小時候我幾乎在這長大。
不過，國一那年……
我爸因病住院。不久，工廠就倒閉了。
我知道我不是當老闆的料，所以我決定學醫，希望能醫好父親。
這樣工廠就能東山再起了。
……可是……他還等不到我畢業，就……
……
最近要資格考了，所以就來這裡準備。
喔！
對了！
妳怎麼會受傷昏倒在這？看妳滿身是血，我快嚇死了。

怎麼了？傷口痛嗎？
！
哇啊！不要!!

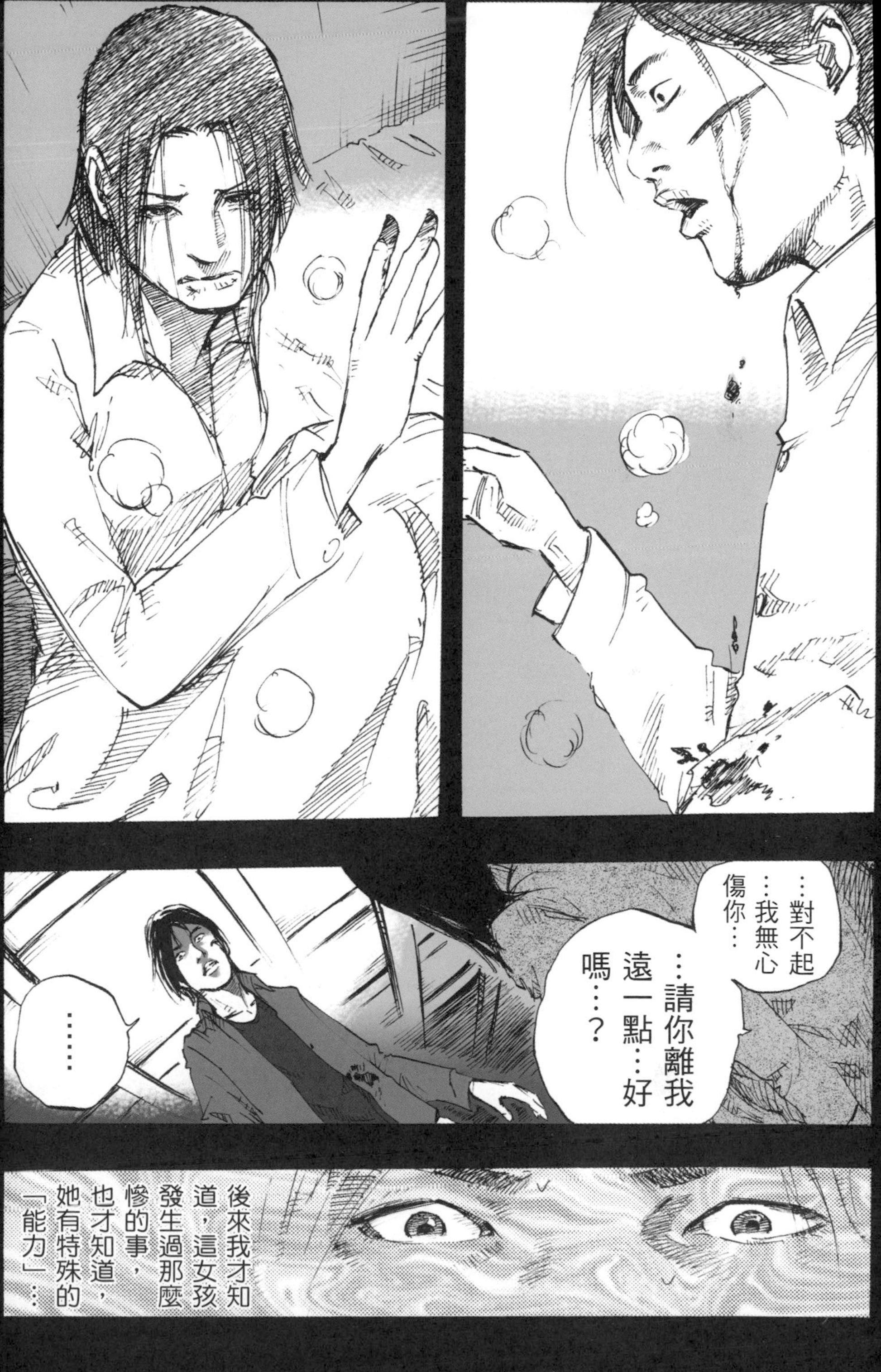
……對不起……我無心傷你……
……請你離我遠一點……好嗎……？
……
後來我才知道，這女孩發生過那麼慘的事，也才知道，她有特殊的「能力」……

那已經是和她相處一個月後的事了…
那時候，你知道她有報復的想法了嗎？
是的！而且我很支持。
所以人體結構和如何攻擊要害的方法，都是我教她的。
你以為都攬到身上，警方就會放棄追捕她嗎？
我是教唆者，她只是個被我利用的未成年女孩。

有差別嗎？
警方只需有人交差不就好了。
反正你們只想破案逮捕兇手，你們有從兇手的角度想嗎？
或者是你有想過被殺的人，是因為什麼原因被殺的嗎？
唔！
別慌！
這鏡子處理過，他看不見我們的。
阿娥死了，就等於唯一有風險的證據沒了。
你放心吧！
再說，警方只相信我們的證詞。

小雪的素描出來了。
怎麼長得有點像小君！對吧小馬？
哪有啊？
這畫像千萬別外流，否則就沒搞頭了。
大家分頭去找！
收到！
也給我們一份吧！
局長…
德哥妒火中燒囉～

這位是我朋友，是個心理醫生。
我想能幫上忙，因此請他來。
我叫馬克，請多指教。
局長會來，是因為她也發生過同樣的事嗎…？
阿武，記得你的任務，能不能成局…靠你囉！
我做事一向是品質保證。你安心去吧！
靠！搞砸就阿魯巴你！
好啊！

這一次我能沒事，完全是仰仗蔡委您阿！
那你知道怎麼報答吧？
當然！今晚我已經安排好了～
嗶！
嗶！
嗶！
嘿！應該是媽媽桑打來的～
喂～
X你媽的！
喂！你要去哪啊！

呼！呼！媽的！
這個賤貨！
…我在我媽手機上查到你家的電話…
原來你也有個女兒…
如果你不想她發生什麼事的話，立刻到工廠…你還記得在哪…也知道我是誰吧？

第八回
誰是被害人？

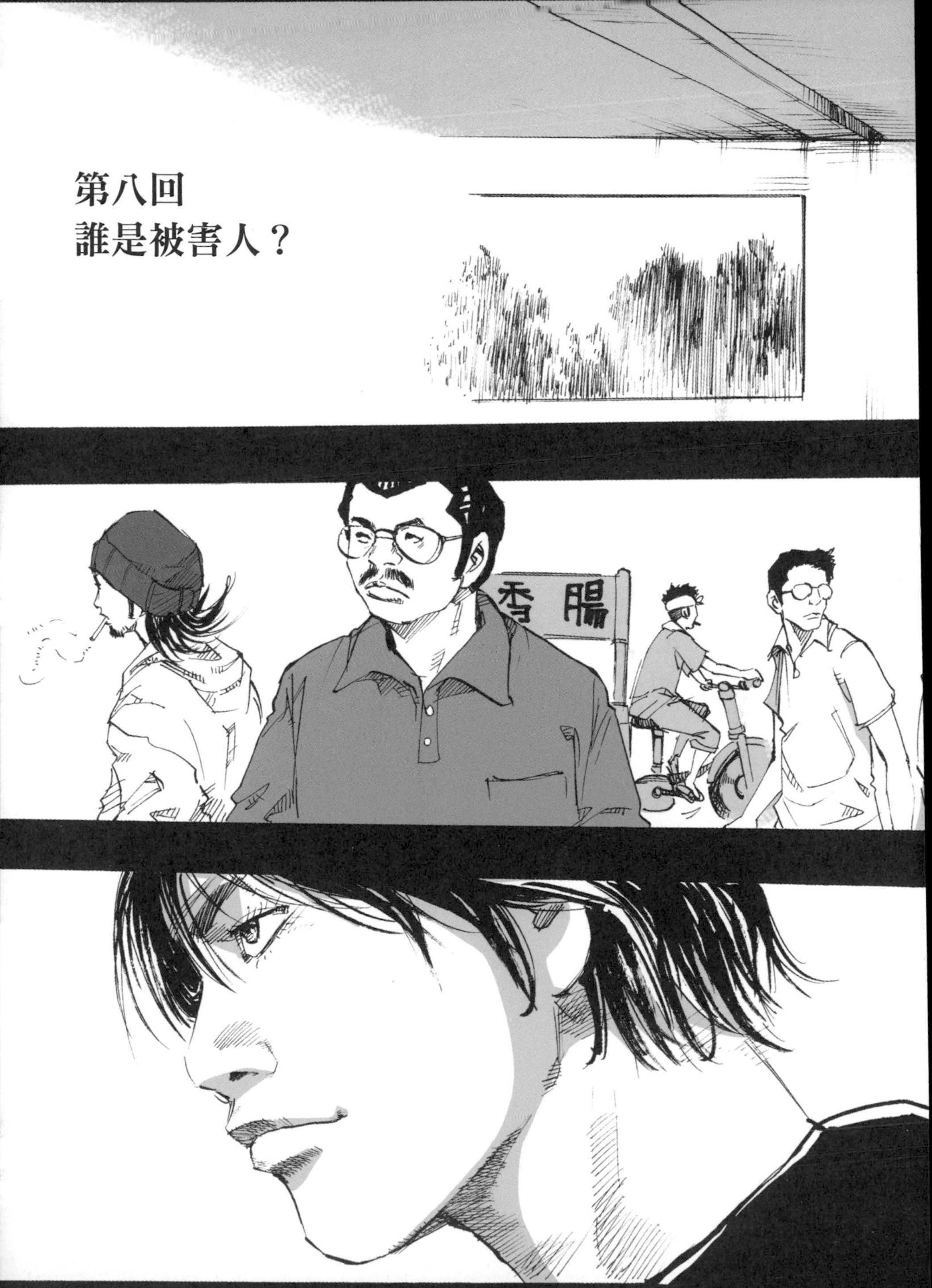

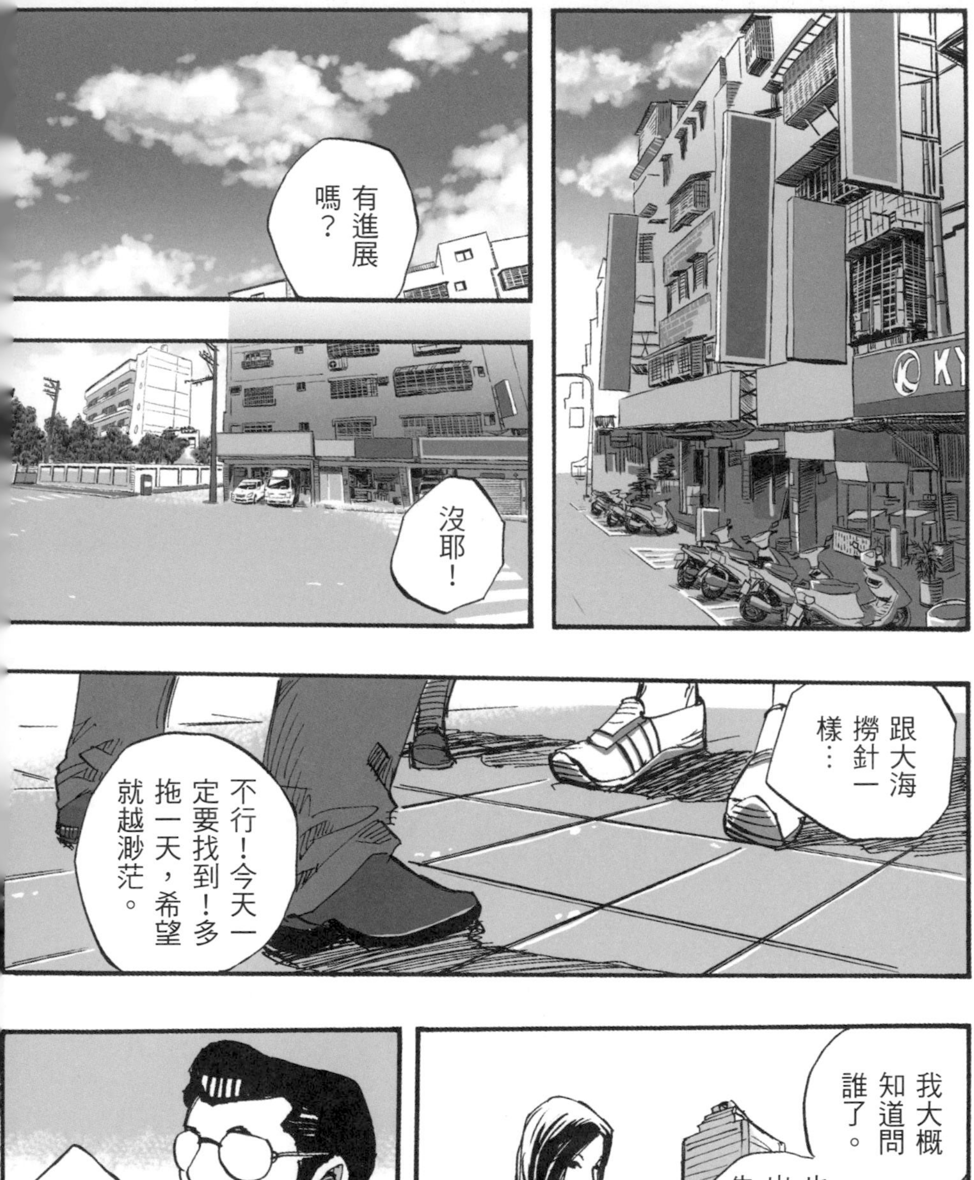
有進展嗎？
沒耶！
跟大海撈針一樣…
不行！今天一定要找到！多拖一天，希望就越渺茫。
嗯！
我大概知道問誰了。
也許可以問出些方向。先解散！

國民小學
阿德怎麼沒來集合？
哎喲～看人家出雙入對的，會心痛啊！
學長連阿德的事都知道！
我還知道署長痔瘡發作咧～吾乃情報科的是也～
啥？請假啊？
素啊！
這個該怎麼辦…

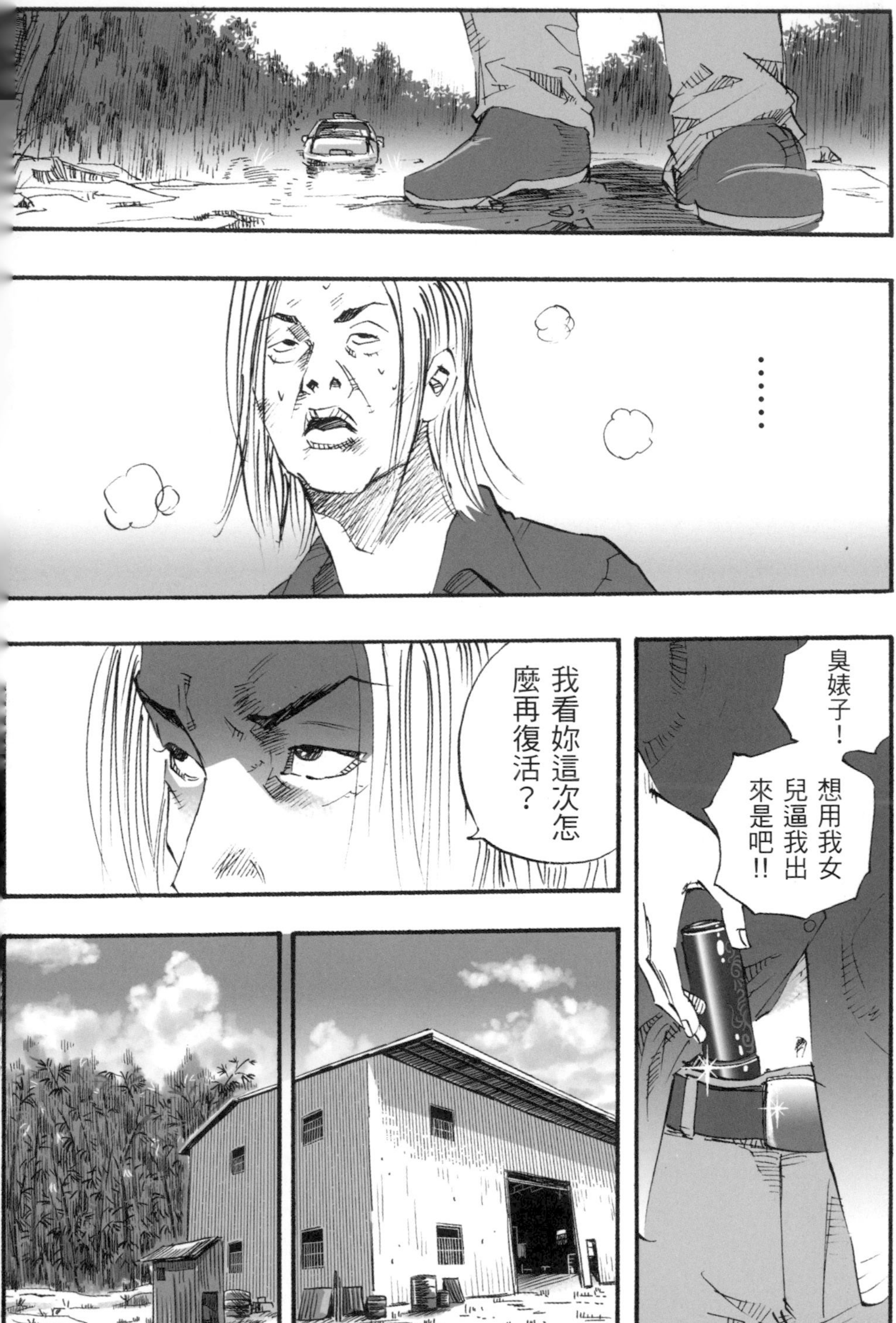
……
臭婊子！想用我女兒逼我出來是吧!!
我看妳這次怎麼再復活？

你來啦！
呵呵呵！放了她⋯
媽的！我女兒咧？快放了她！

六個月前，你們有放過我嗎？
聽好！
我沒卑鄙到綁架你女兒，我只是騙你上門送死的。
呃！被耍了…
求求妳～給我條生路…
我會給妳很多錢，當作是贖罪…

你的錢…
留著辦自己的喪事吧!!

如果我讓妳殺了他…能改變已經發生過的事實，我就不再插手。
……
我再用點力，你的手會斷。這禽獸值得你犧牲嗎？
……
那妳的未來…就值得因為他而葬送嗎？
!

也許妳這六個月是為了報復而活著。
之後呢？妳打算在牢裡過嗎？
……
警官！妳認為我要用什麼理由說服自己，我還有未來可言？
…醫生…我找不到理由…

…請你給我個理由…讓我有活下去的勇氣…
…妳可以的…
妳應該比我容易找到理由說服自己…
……
因為妳可以提起勇氣報復那些人…
…而我在面對那些對我施暴的人時…

我卻只能無助的啜泣顫抖……
這是妳第一次在他人面前提起…
妳想拉她一把，不要讓她放棄自己吧？

也許這也是一種治療的方式…
今天我們是來阻止妳殺他，不是要逮捕妳。
這個時機點被逮捕，對妳不利。
等時機成熟了，我們希望妳配合投案。
他媽的！警方竟然跟歹徒串通！這件事我一定要告訴蔡委！
……
人渣就是人渣，連暈倒也是人渣樣！

拍謝！我和我的手刀來晚了。
這裡我善後，你們先閃吧！
小君二代，你幹嘛把小馬抓成這樣呀～
誰是小君…？
都怪你遲到，那個人渣由你保護耶！
報復殺人和逃避沉默，都無法彌補傷痛…
如果妳需要人陪，隨時可以找我。
也許我幫不了什麼忙，但至少我瞭解那種心情，妳千萬別一個人痛苦著。

…我以為只要殺了他們，我就可以忘記。馬警官說得對…
即使殺光他們，也無法改變事實。
我始終不懂，爸媽為何要用互相傷害來對待彼此…
記得我爸要離開家那一天，他叫我不許哭，他說，哭也改變不了任何事…
我也想不到…為什麼媽媽忍心這麼對我…
…做父母的……
難道就可以任意把情緒發洩在小孩身上嗎？

人是有情緒的，所以才會有愛恨。活著就必須體驗這些。
父母傷害妳，可是妳也會遇到對妳好的人。
在場的，雖然不是完美的好人……
不過他們肯定都是對妳好的人。
不愧是心理医生．口才真好．我羞哭了…
法克好厉害！
我叫馬克拉！

謝謝…
謝謝你們…
這樣好了，這陣子妳先跟我住吧！
局長，這樣妥當嗎？這算窩藏罪耶～

這也是沒辦法中的辦法了…
因為不管躲在哪還是會有危險。
張銘科小兒家庭內科診所
裁縫
……
抱歉~突然來打擾……

不過我知道你是請病假後，才想說來看看的。
你發燒怎麼沒去醫院，你父母咧？
等一下吃完稀飯，我順道帶你去醫院吧！
……
他是不是有點熱心過頭啊…
真不該讓他進門的…
我一定是燒暈了…
對了！那幾個混蛋還有找你麻煩嗎？

這星期沒有。之後就不知道了…
大叔！
你老實說，你是不是戀童癖！否則幹嘛對我那麼好～
當然不是…啊啊啊!!
……
你的眼神有種落寞，和我認識的一個人很像…
還有一個原因…

……
因為我的疏忽，我的兒子因為霸凌而自殺。我擔心你也會想不開…
……
喀！
把這當成自己家…

阿德?!
…局長?
媽!
嗶～

局長太亂來了吧！
要是被逮到可是會丟工作的。

第九回
物證

我勸過啦！
不過她是我的上司，硬要阻止的話…我怕被調去守廁所。
不過，這樣做起碼可以看住那個女孩。
喔！找到了！

發哥！報告你一個比阿婆生小孩更棒的訊息。
我在長毛家逮到老狐狸的尾巴。
不愧是金牌臥底！這樣就可以牽制狐狸。
現在剩下長毛的罪證了。
嗯！
我先去局長家看一下狀況。
ok！我下午會和小馬會合，看他進行得如何？

真的！你們找到小雪了！
噓！小聲點，你想害死我們喔！
呃！抱歉…
那她人在哪裡？安全嗎？
她在局長家，你放心。
呃！你的手…

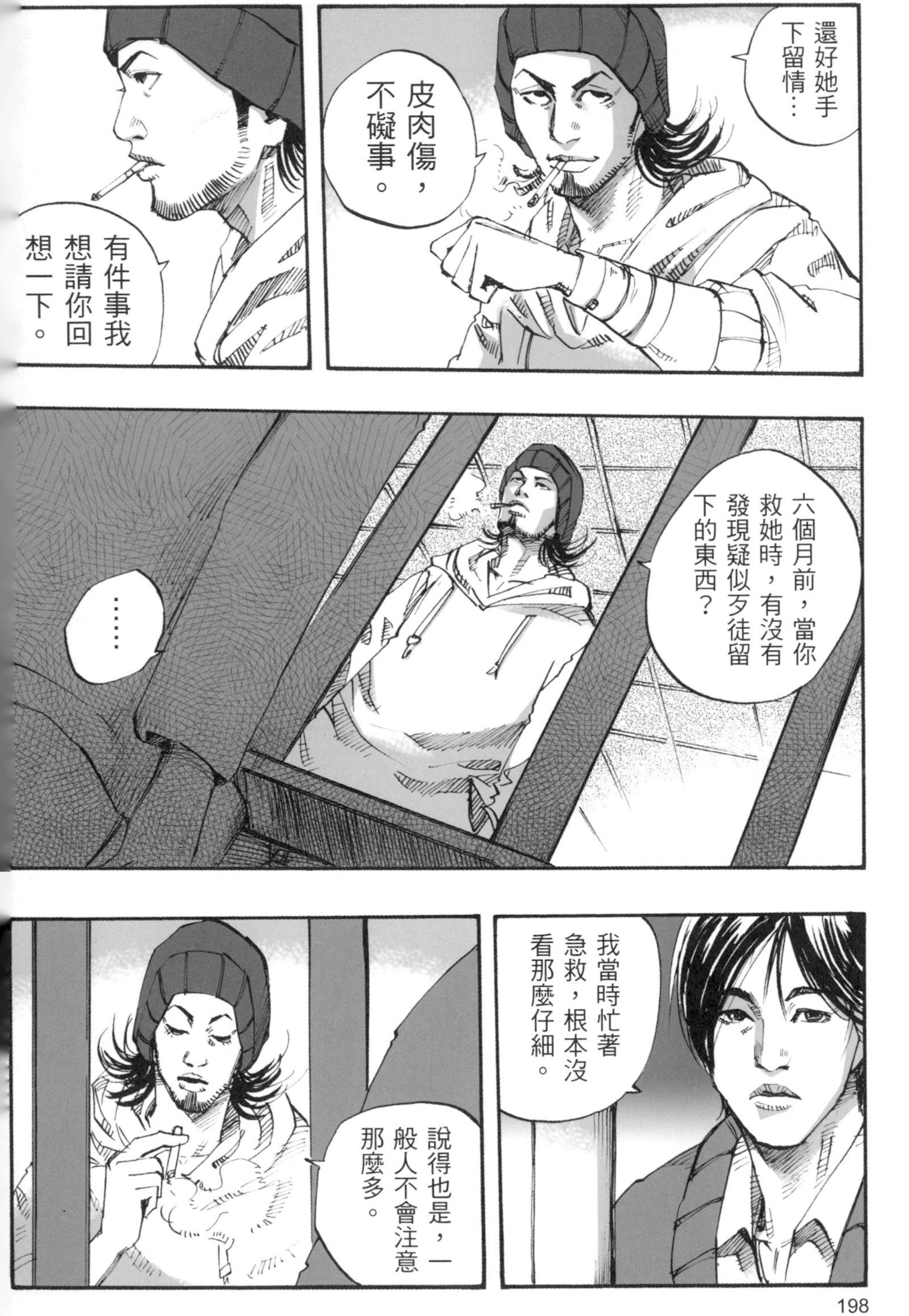
還好她手下留情……
皮肉傷，不礙事。
有件事我想請你回想一下。
六個月前，當你救她時，有沒有發現疑似歹徒留下的東西？
……
我當時忙著急救，根本沒看那麼仔細。
說得也是，一般人不會注意那麼多。

即便有證據，也會被我弄亂了…
我看見血一直從她胸腔冒出來，我就匆忙跑去拿用具了。
除去她身上的衣物後，就開始縫合。幸好把她救活了…
!!
衣服！她的衣服你有留著嗎？
如果有就可以化驗了！
呃！有啊！不過…

啥!!
他拿去洗了！
他把這麼有力的物證洗啦！
裂
啾！
而且不但潔白如新，連破的地方也補了。
吼喔！不玩了啦！就讓那個人渣逍遙法外吧！
啊！我的衣服！
欠扁喔！你把我的幸運內衣弄髒了啦！

抱歉～我不小心暴走了…
呃！
邪惡～
我有辦法讓那個人渣伏首認罪了。
国父說：刑求是加法的
放下屠刀立地成佛回頭是岸
我的表情像是要刑求嗎！
其實我的方法很簡單…
嘿嘿嘿…
嘿屁啊！

麗娜
麗娜
麗娜
有這種事？
我怎麼敢騙蔡立委，那個局長在包庇她。
原來打從一開始，那個姓顏的就打算抓你。連我都敢耍。
那怎麼辦？您幫我想想辦法啊！

別慌，如果他們有證據，早把你銬走了。
……
他們還未找到證據前，我們還有贏面。
你去做兩件事，叫甄隊長擴大搜尋那個女孩。
另外！你去聯絡媒體，準備召開記者會。
媒體和群眾的關注，會讓警方倍感壓力。
姓顏的一票人勢必會被一一調查，就算她再有本事，也無力追查了。

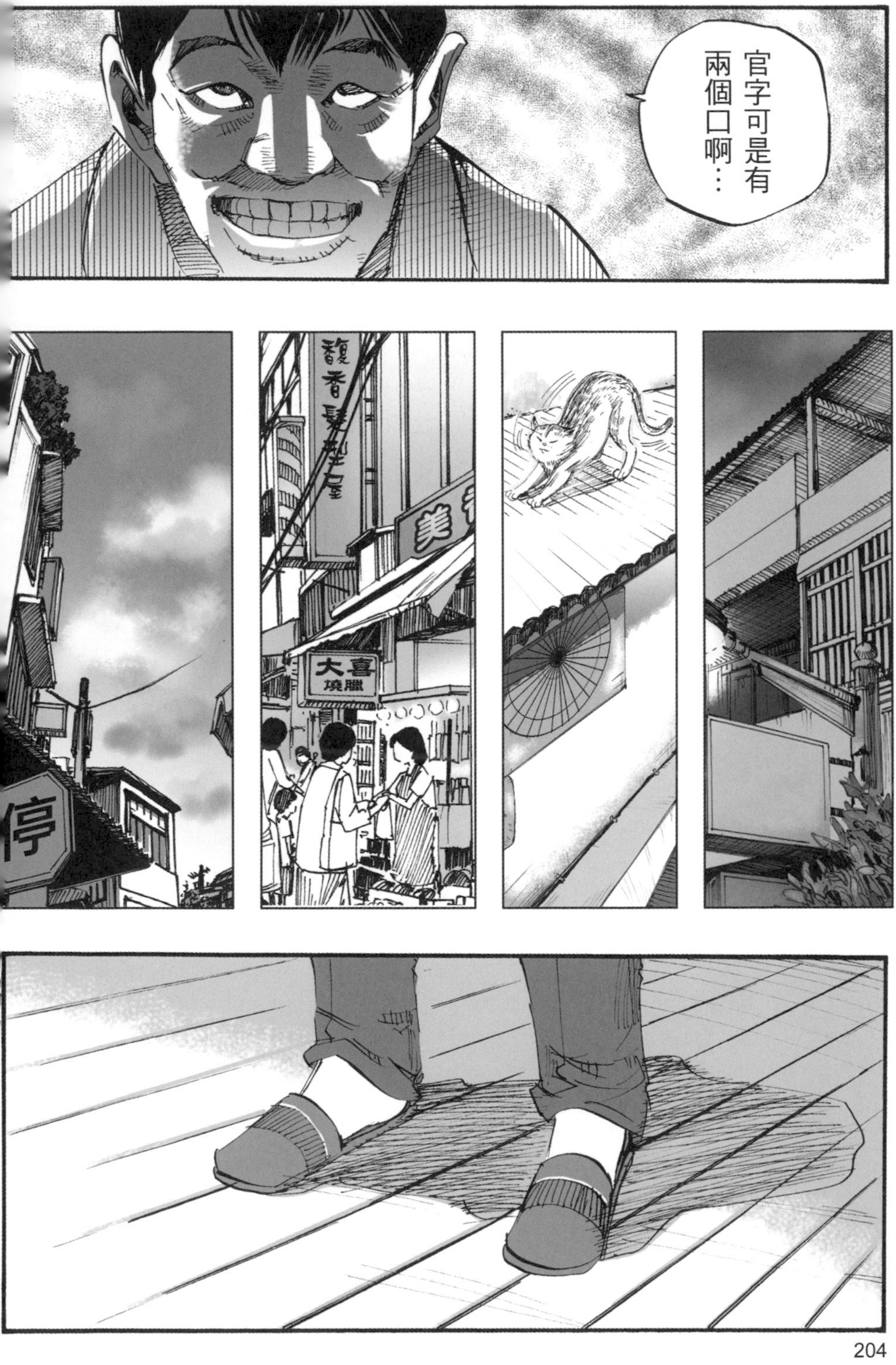
官字可是有兩個口啊……
馥香髮型屋
美
大喜
燒臘
停

局長……
你怎麼會在這？除了吳組長外，其他人應該不知道我的住處。
呃…這…那個…
小誠！你快說！到底怎麼一回事？
妳的口氣一定要像是在逼供嗎？
我只是來還他遺失的課本。
我壓根不知道這是妳家，也不知道妳有一個兒子。

是我冒昧拜訪，別責怪小孩。
⋮
抱歉！我先走了，記得吃點稀飯。
妳的兒子正在發高燒，先帶他去醫院吧！
做警察很忙，但有空還是多關心關心他。

我的家務事，不勞你操心。
有時間，不如去找證據幫助小雪。
……
當投入過多，某方面就會失去…
失去的部分…就是那些原本垂手可得的幸福。
我當初就是為了幫助受害者，才當警察…

當警察的初衷，是為了遏止犯罪，讓家人和百姓有安全的生活環境。
我越來越投入…
因為上級的肯定，還有同僚的稱讚，讓我沉溺在虛榮中……
我不顧家人的感受，因為他們會阻擾我追求這些虛榮…
我不希望妳也犯了同樣的錯，之後才後悔莫及…
卡！

……
媽，對不起！我有試著阻止過他…可是…

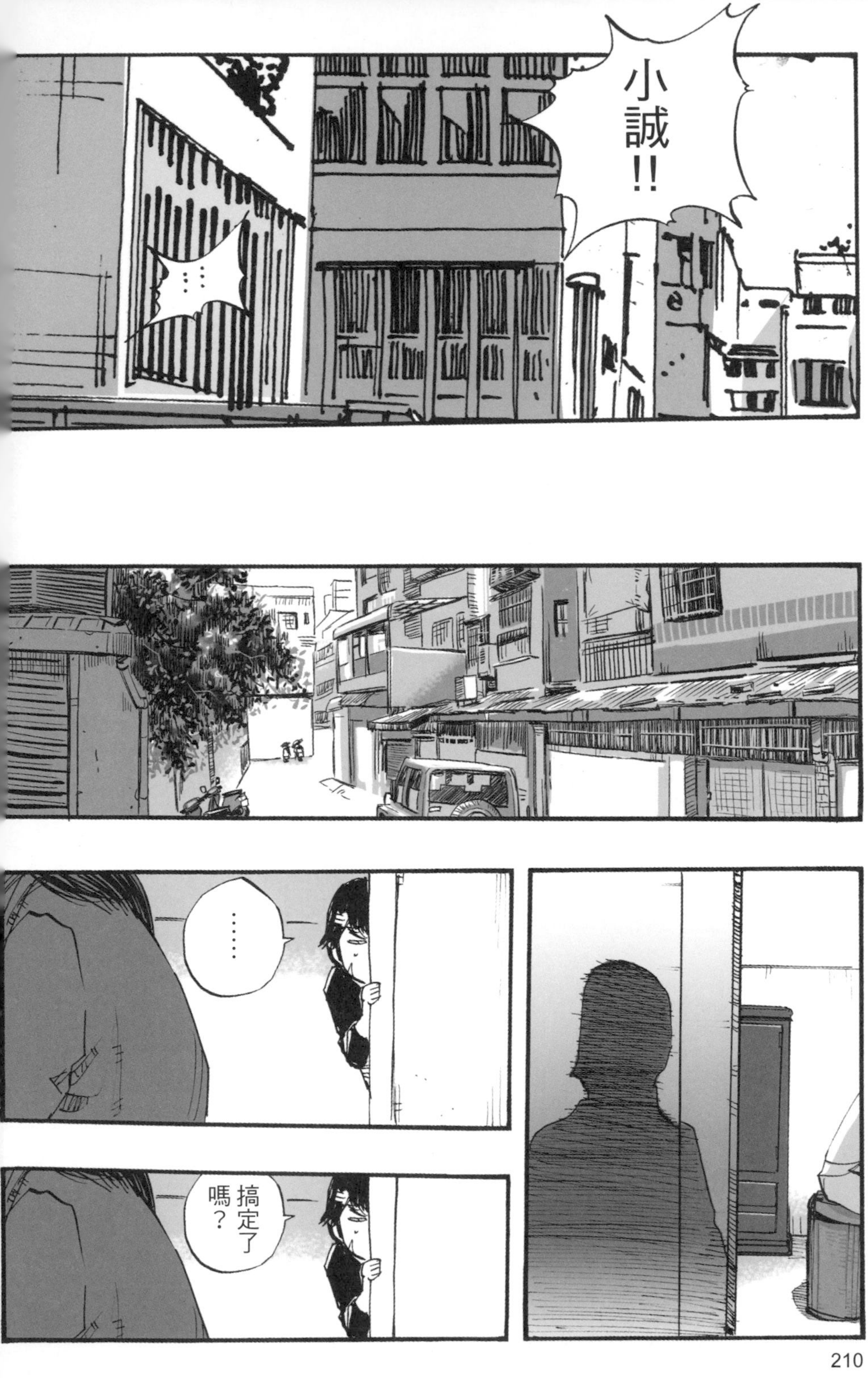

小誠!!
……
……
搞定了嗎？

塗成這樣可以嗎？
唔喔喔喔！超讚喔～好像真的！
你們把衣服塗成這樣要做什麼？
當作「證物」啊！

嗯！作為證物……
……
啥！你要用這個當證物？
你們現在才知道啊！
行不通啦！萬一被識破，連欽嫂都有事！
……
就試試看啊！再說，還有其他證物嗎?!
如果不是要呈給法官，只是用來嚇唬他倒還可以。
可是光是嚇唬他，也定不了罪啊！

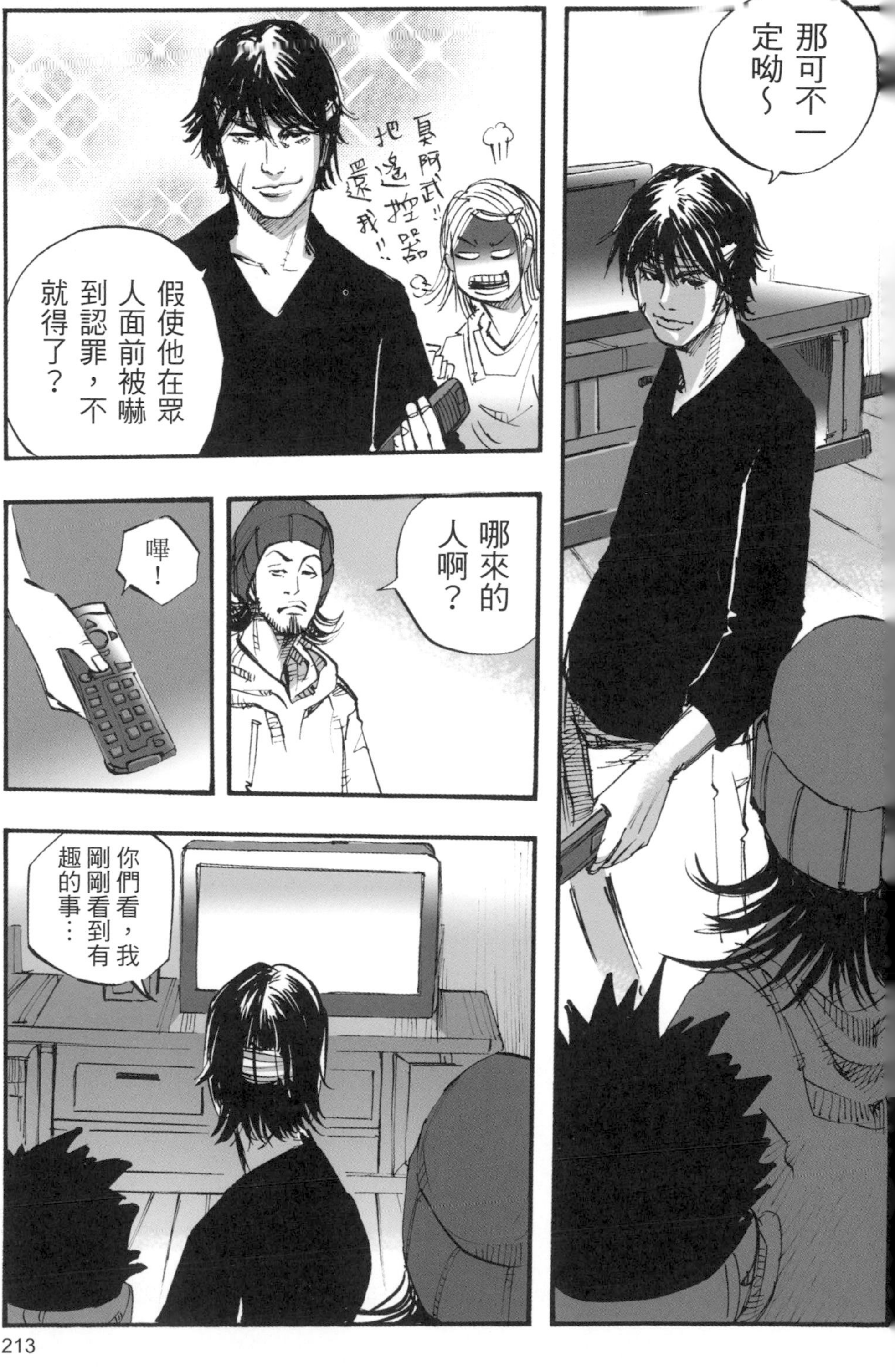
那可不一定呦～
假使他在眾人面前被嚇到認罪，不就得了？
夏阿武!! 把遙控器還我!!
哪來的人啊？
嗶！
你們看，我剛剛看到有趣的事…

發生這種包庇事件，簡直是在虐殺法律正義、敗壞警譽…
我希望有關當局請那位警官出面解釋，並予以嚴懲！給社會大眾一個交代！
這不就有最佳的舞台了？
既然他用媒體搞我們…
我們就順勢回搞他吧！

放射科
幸好沒擴散到肺部…
他感冒似乎拖了很久了，你們都沒注意到嗎？
讓他住院觀察一陣子吧！
……
為什麼生病了，都不跟我說？

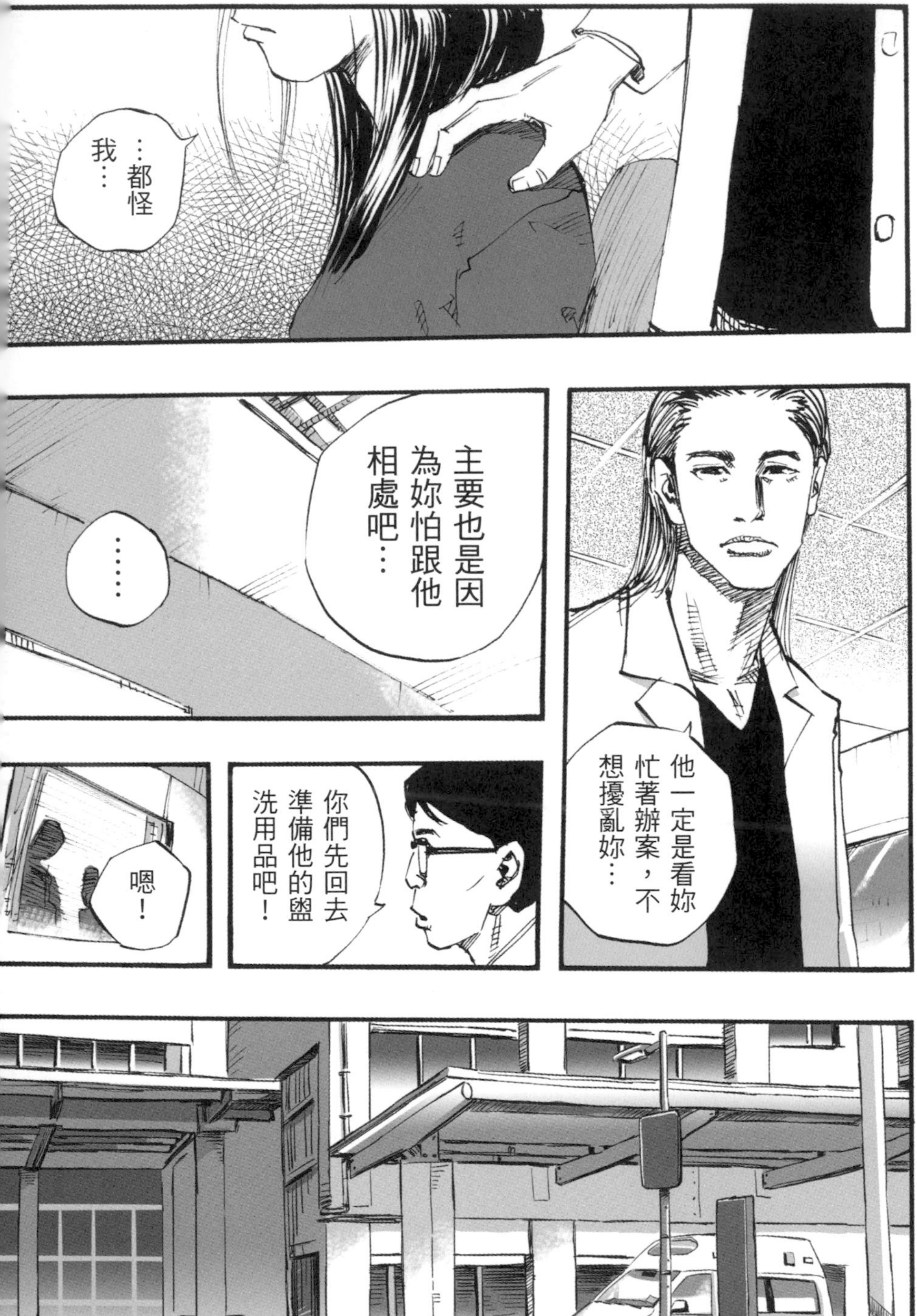
……都怪我……
他一定是看妳忙著辦案，不想擾亂妳…
主要也是因為妳怕跟他相處吧…
……
你們先回去準備他的盥洗用品吧！
嗯！

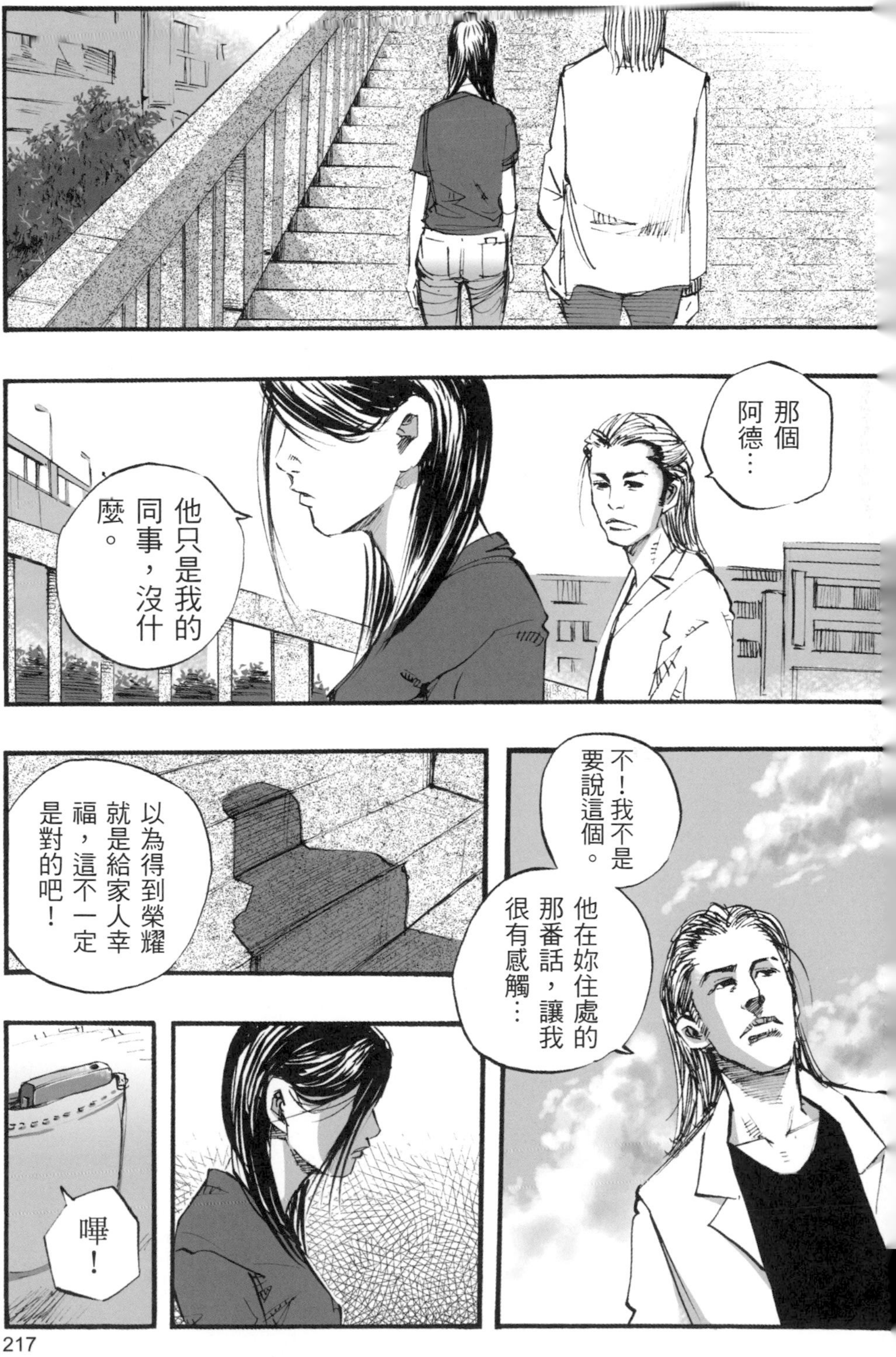
那個阿德…
他只是我的同事，沒什麼。
不！我不是要說這個。
他在妳住處的那番話，讓我很有感觸…
以為得到榮耀就是給家人幸福，這不一定是對的吧！
嗶！

喂！
是！我馬上過去!!
總部召我，小誠的東西拜託你了…

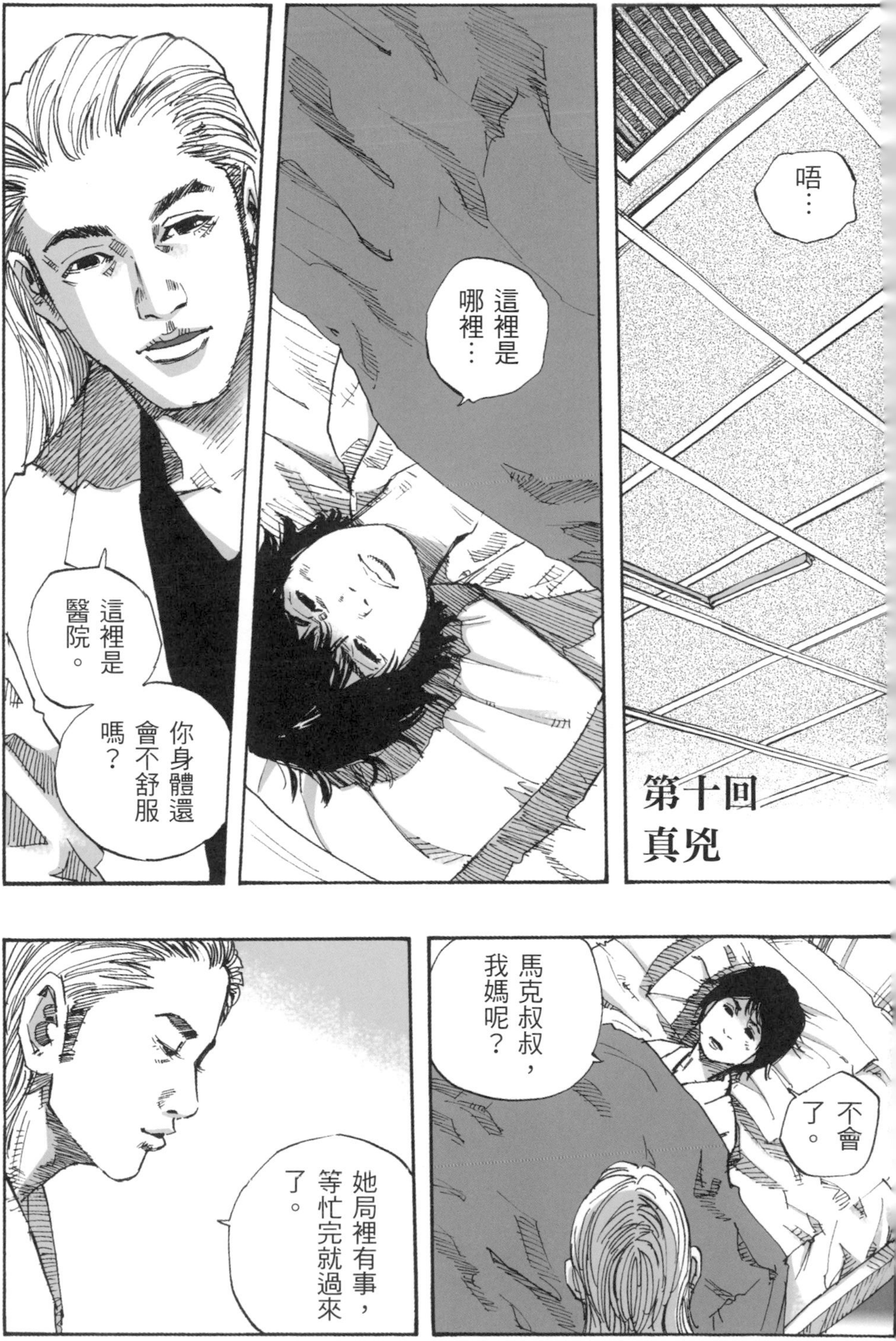
唔…
第十回 真兇
這裡是哪裡…
這裡是醫院。
你身體還會不舒服嗎？
馬克叔叔，我媽呢？
不會了。
她局裡有事，等忙完就過來了。

我去聯絡你媽，說你醒了。
順便請醫生幫你會診，你再休息一下。
嗯⋯⋯

妳實在讓我很失望。
我願意接受任何處分，並承擔所有責任。
處分是必要的，在這之前，先想想如何因應。
那個姓蔡的，沒那麼好搞啊…

他開記者會，無非就是要逼高層調查我，讓案子停擺。
然後製造輿論來指責警方，而他和犯罪者便可以脫身。
我也清楚他的伎倆，問題是他捉著這痛處狂打……
實在讓警方吃不消啊……
停我職吧。好讓長官您對外對內先有個交代。不過我不打算交出小雪。

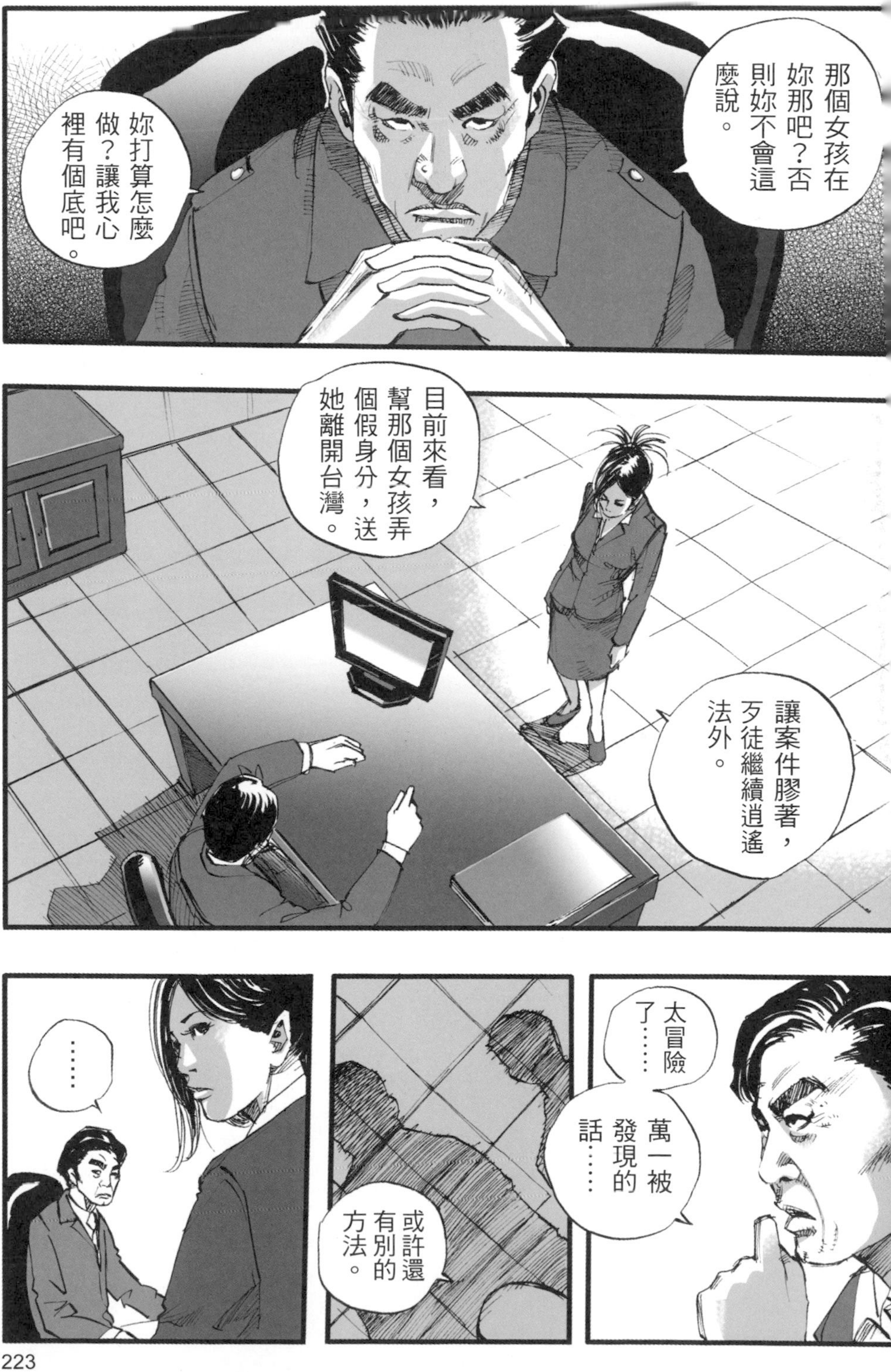
那個女孩在妳那吧？否則妳不會這麼說。
妳打算怎麼做？讓我心裡有個底吧。
目前來看，幫那個女孩弄個假身分，送她離開台灣。
讓案件膠著，歹徒繼續逍遙法外。
太冒險了……
萬一被發現的話……
或許還有別的方法。
……

副座、局長。
還有一個辦法。
顏局長去記者會的現場，坦承自己犯錯。
!
……
這不等於拿別人送的石頭砸自己的腳嗎?!
副座形容的沒錯…

唔…這是…
他的尾巴啊。
不過…
假使把他的尾巴墊在自己腳上再砸下去呢？
把握時間，否則記者會就結束了。
走吧！妳不是說過時間就是一切。
……

嗶
瞭解，掰……
各位，組長他們上路了，我們也走吧。
嗯嗯，好呷！
欽嫂手藝真讚耶！
……

你們兩個太沒義氣了吧！
我海枯石爛的在等組長來電。
你們要吃飯也不叫一聲！沒良心的！
阿武你也去添一碗來吃吧。
欽嫂幫我看好那些菜，別給畜生偷吃。
呸～！
妳太卑鄙了吧！
哼！咬我啊！

5、4、3、
2、1
十分鐘前，有位自稱包庇了命案兇嫌的警官，進入了記者會現場…
據了解該名警官姓顏，她的出席造成了一陣騷動。
她隨行的兩位警官表示，她是來說明整個經過…
如有進一步消息，會馬上為您連線…
喀嚓

……
對於蔡委員所說的包庇事件，我全部承認，
上頭也已經發布撤職處分。
和我作對的人，沒一個有好下場的。
嘿嘿嘿…

不過對此，我一點都不後悔，也沒必要對大眾道歉。
我所包庇的是一名受害過的兇手！
六個月前，他強姦了一個女孩，這女孩就是命案的兇手。
而蔡委員所包庇的，是一名扮演受害者的加害人！

這個敗類靠著他與蔡委員交好，不但逍遙法外，還想致女孩於死地！
真的假的…
最新頭條！
嘩…真的有這種事！
！
這婆娘瘋了不成…
這個開場夠你們嗆的了。

臭婊子！別亂栽贓！你有證據嗎?!
怎麼回事？
好像案中案……
不妙！記者的焦點都被這婆娘拉去了。
妳別模糊焦點了！
剛才妳已經承認包庇兇手了，快交出她，給社會一個交代。
我承認我包庇，可是我並沒說知道她的行蹤。
唔！妳！
不愧是局長～反應真是快呀……

證據長髮男是兇手嗎？
……
目前並沒實際證據，相關物證人證都在蒐證中。
哈！妳這樣等於在愚弄媒體朋友嘛！
沒證據還血口噴人。
也許顏局長有所誤會吧……
各位記者，今日記者會到此結束，也請大家對顏局長多加包涵…
畢竟突然被撤職，總是會有點忿恨不平。
……
回去整理稿子吧。
各位！
要走就走吧！

不過要是錯過這一段，各位一定後悔莫及。
……
時間抓得剛剛好。
?!
!

長毛的，你不是要證據嗎？
你還認得證物袋中的血衣吧！
呃！
乖乖認罪吧！
你這個人渣！
你隨便拿件血衣就想定人罪，我看警方想破案想瘋了。
我說蔡委啊…
我勸你別再庇護他，惹出一身腥。

這本帳冊你似曾相識吧！
攝来～照影師过来
這裡面記錄你們不尋常的關係。
萬一曝光的話，恐怕你的仕途堪慮。
原來他們早就安排好一切⋯
⋯

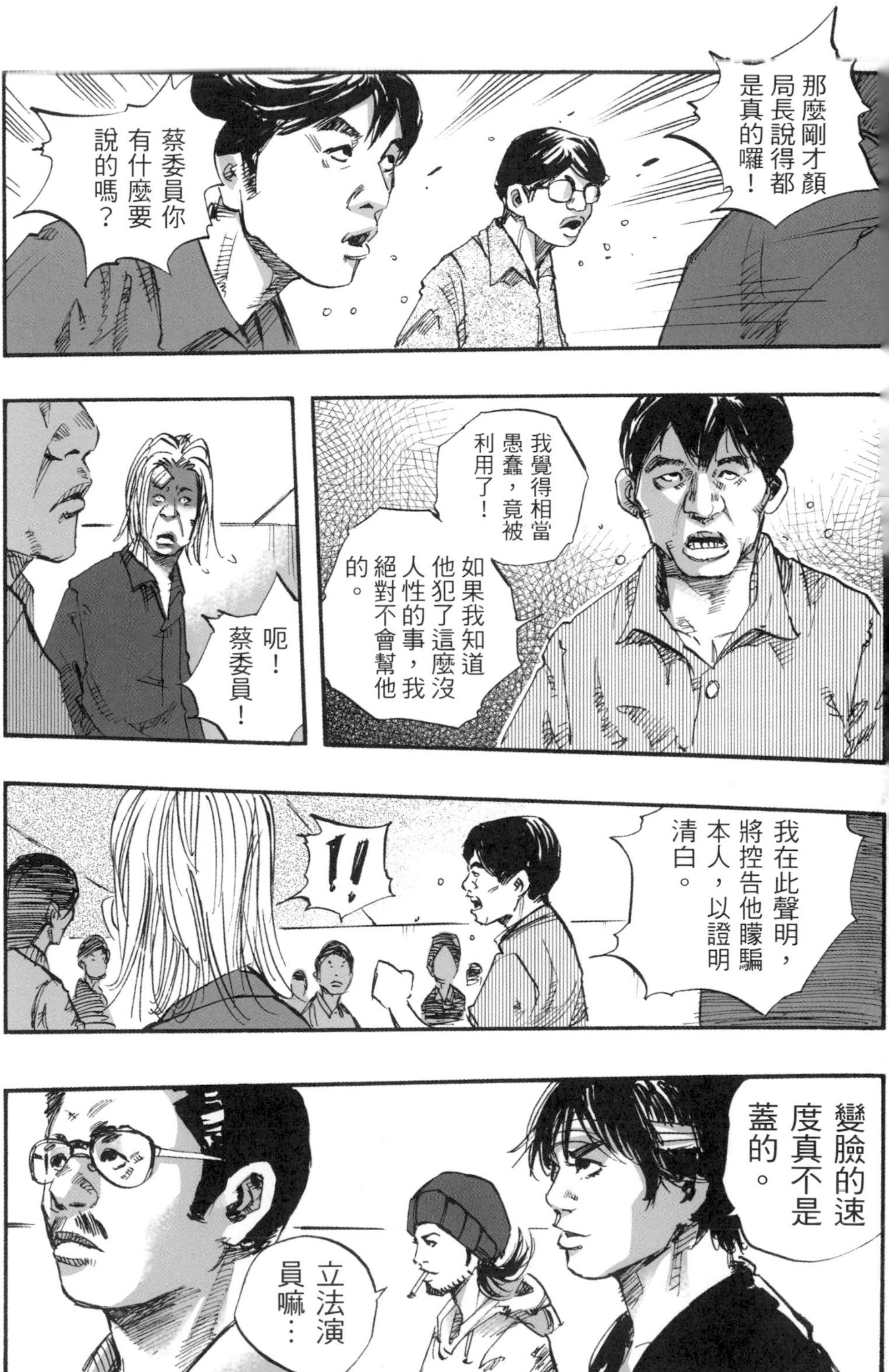
那麼剛才顏局長說得都是真的囉！
蔡委員你有什麼要說的嗎？
我覺得相當愚蠢，竟被利用了！
如果我知道他犯了這麼沒人性的事，我絕對不會幫他的。
呃！蔡委員！
我在此聲明，將控告他矇騙本人，以證明清白。
!!
變臉的速度真不是蓋的。
立法演員嘛…

蠢狗，連你家主人都不要你了。
唔……
收了我這麼多好處，拍拍屁股就想走，
媽的……你這個狗官……
我死也要拉你當墊背!!
!!

磅！
那一棒真是驚天地泣鬼神，姓蔡的恐怕會變白癡。
……
真的很感謝你們幫我，不曉得如何答謝…
握個手吧！把我們當朋友就是最棒的謝禮了。

握！
噗滋
嗯…
……
抱歉~我太高興了，一時忘了力道…
噴血啦啦啦！
哇哇哇！
沒關係，流點血對身體好…
對了，我們還得感謝一個人。
嗯…不過有個人想和你一起去。
顏局長在醫院嗎？

小雪。
一起去答謝我們共同的恩人吧。
……
終於結案了。
嗯
叫救護車…

小誠退燒了嗎？
嗯⋯剛剛醫生叫他再睡一會兒。
妳也回去睡一下吧。
我不累。
⋯⋯

一直以來我把小誠當成惡夢…
可是我發覺是我把自己困在夢裡。
我相信現在的我可以去愛他、保護他了…
…你可以再幫我照顧他一下嗎？
我想趁他醒來之前回家拿個東西，一個他視為珍寶的東西。
妳開我的車吧！我送妳去停車場。
嗯，也好～

第十一回　落幕

終於…還是結束了…

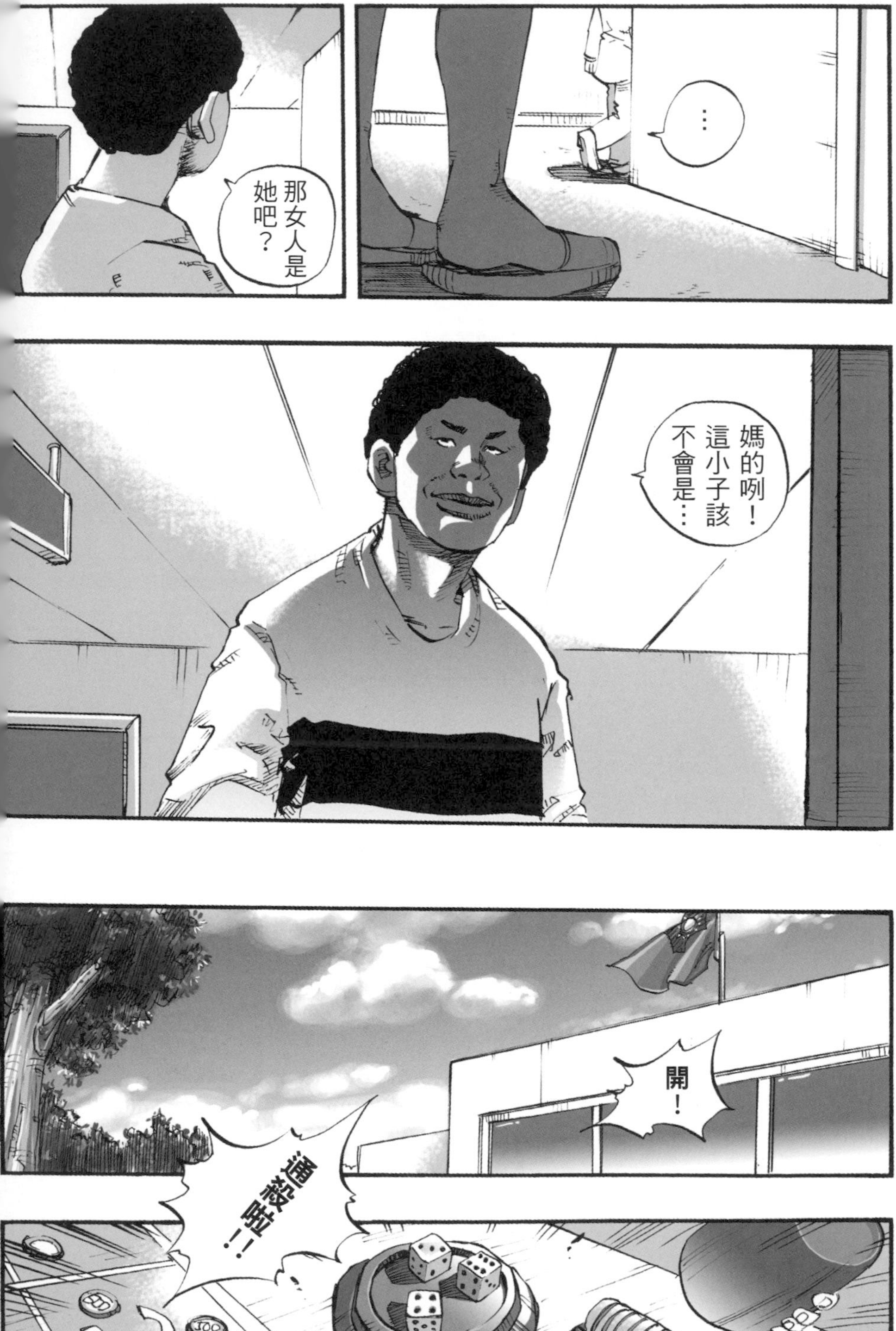
……
那女人是她吧？
媽的咧！這小子該不會是…
開！
通殺啦!!

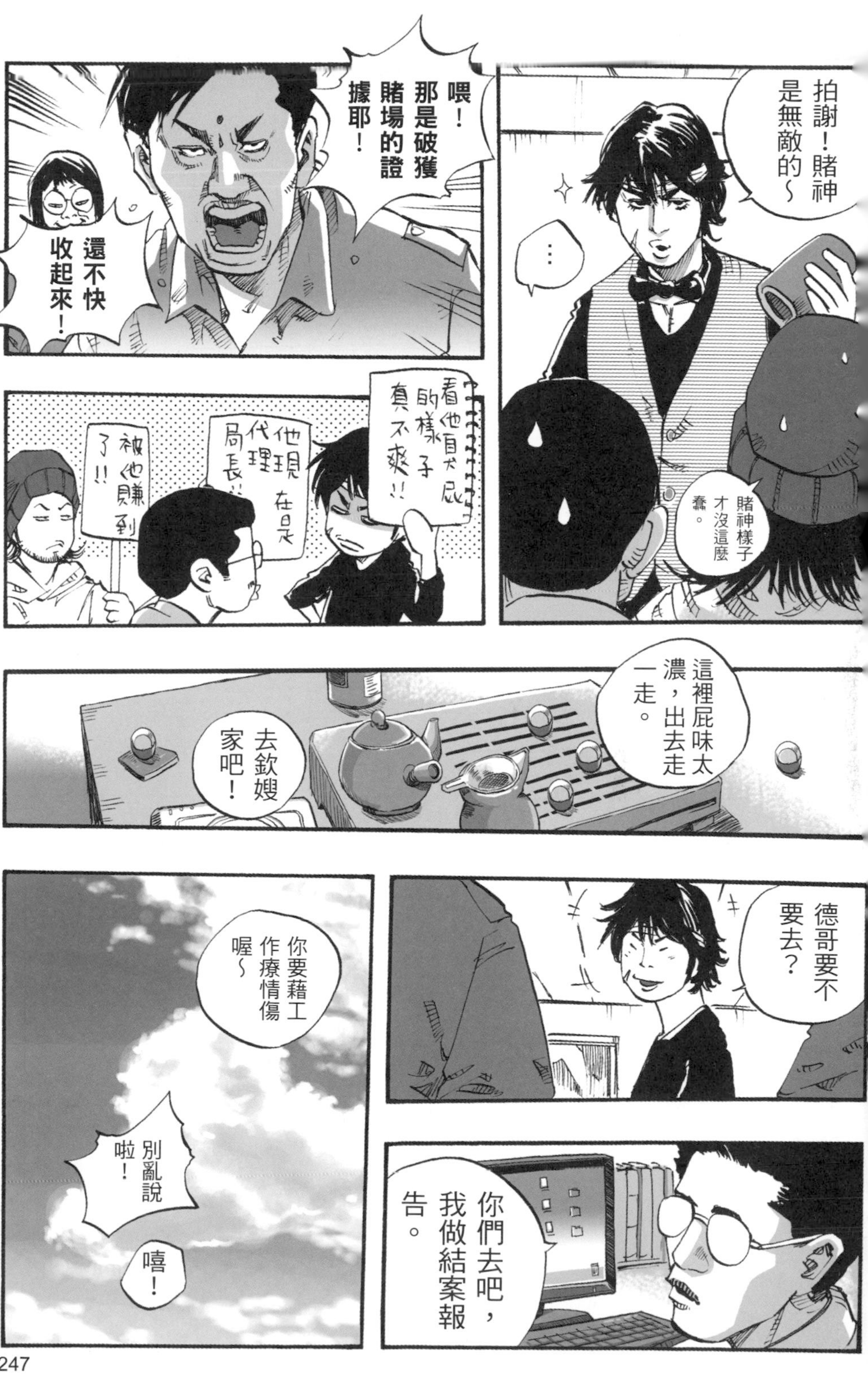

喂！那是破獲賭場的證據耶！
還不快收起來！
拍謝！賭神是無敵的～
……
賭神樣子才沒這麼蠢。
看他自大屁的樣子真不爽!!
他現在是代理局長!!
被他賺到了!!
這裡屁味太濃，出去走走一走。
去欽嫂家吧！
德哥要不要去？
你們去吧，我做結案報告。
你要藉工作療情傷喔～
別亂說啦！
嘻！

呼！
小誠人呢？
…
請問你有看見212房顏小弟弟嗎？
抱歉，我在幫病人換藥，沒注意耶！
剛才有個男的說，要帶他去找爸爸。
！

……
小…
小誠…
……

……
……騙……
騙人……
……我不相信……
你不是我……爸爸……
說真的，連我都很訝異。
本來輸血給你後，我打算跟你家人要點營養費的。
可是我看你媽越看越面熟，再對照你的血型跟年齡後，才大膽肯定……

你是我十二年前播的種！
我這半截耳朵就是被你媽咬掉的！
沒想到那麼多兄弟一起上，竟然是我中獎，真不知道是高興還是難過。
乖～叫聲爸爸來聽聽～
唔！
幹！
林北先留你的命換錢！
幹！安分點！
…

我已經調閱醫院的監視錄影帶了。
相信很快就會有線索，請放心。
……

堂姐，小誠會沒事的。安心吧！
…
我是擔心他知道真相後…
我怕他無法接受親生父親是糟蹋過我的歹徒這個事實。
如果我早一點跟他說，或許就不會發生這種事…
可是…我真的說不出口…
找到一名嫌疑犯了！

……
是……是他……
拿去發通緝！
組長！等等！
我認為這事別張揚比較好，局長也不想讓大眾知道她的事情。
嗶！
嗶！
嗶！
嗶！
嗶！

唔！
喂！
阿武?!
喂！你是誰？
怎麼不是顏鈺琦聽電話！她人呢？
她正在調動警力準備逮你，所以沒空接電話。
唔?!
難…難道不怕我撕票嗎？

殺掉他吧！
反正…他的出生是不受期待的。
存不存在都無所謂。
！
不過你想清楚，你的目的是錢還是殺人？
呃！
如果是錢，警方會有誠意跟你談。
假如是殺人，你可以馬上殺掉，不過警方絕對會追捕你到底！
交給阿武！

呃！騙三歲小孩！警方會跟歹徒妥協？
別懷疑，警察也是人。現在你是歹徒，我們是家屬。
……
假如立場對換，你也願意用錢換條命吧！
好！交易地和時間我決定！
當然。
各位家屬～咱們開始湊錢吧！

阿武！你剛才太亂搞了啦！
哪有？
其實阿武搶電話接是對的。
如果剛才是局長接的，恐怕會處於弱勢哀求他，歹徒會更囂張。
阿武不是當事人，所以理智。
一開始阿武就知道，如果他的目的是殺小誠，就不會打電話來了。
接著他讓歹徒有選擇的空間，不逼他走絕路。
在周旋之中，我們已經掌握歹徒的模樣與交易時間地點。
敵暗我明，阿武想趁交易時逮捕。對吧！
答錯!!
靠！
我咧~

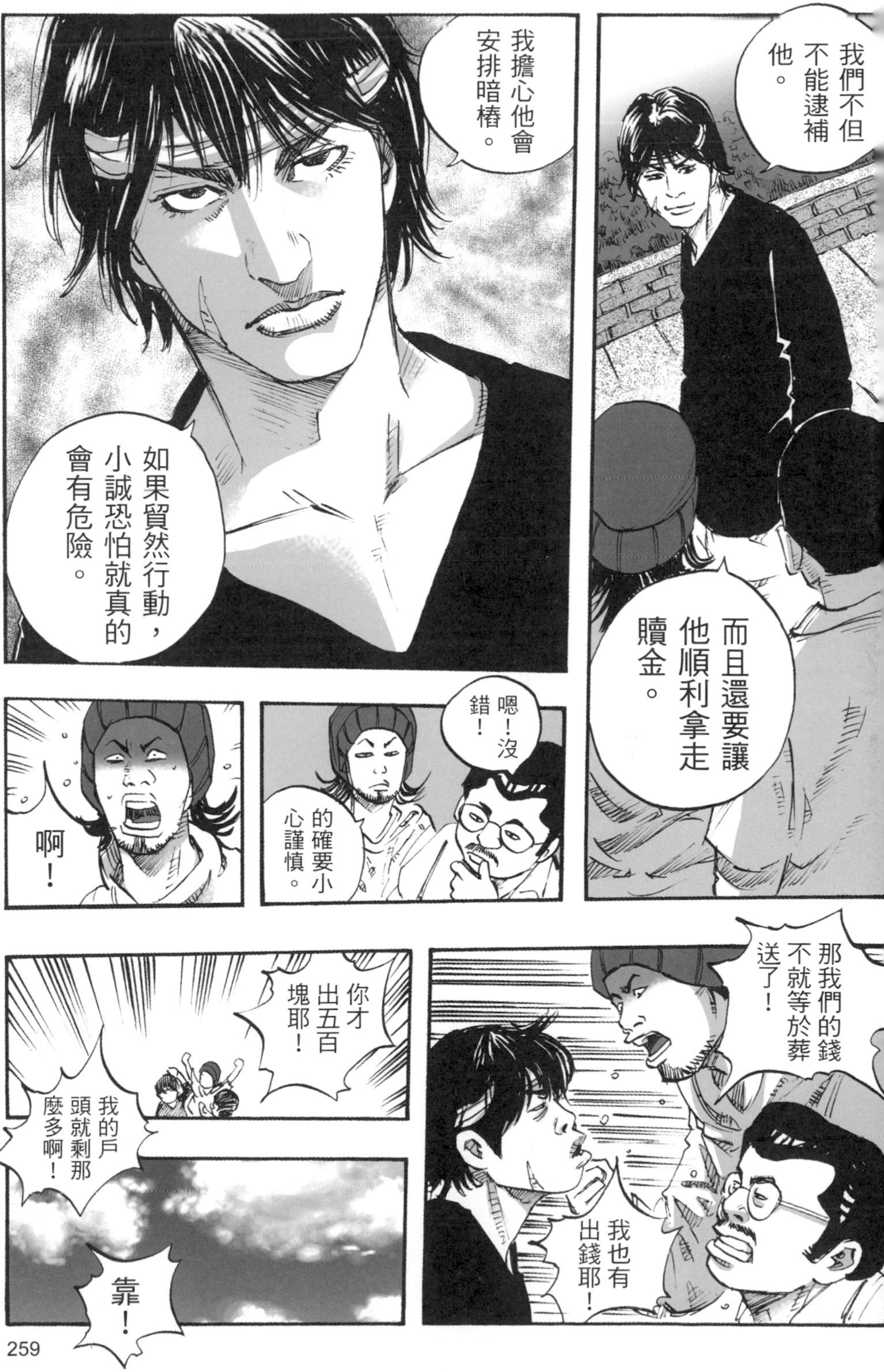
我們不但不能逮捕他。
而且還要讓他順利拿走贖金。
我擔心他會安排暗樁。
如果貿然行動，小誠恐怕就真的會有危險。
嗯！沒錯！
的確要小心謹慎。
啊！
那我們的錢不就等於葬送了！
我也有出錢耶！
你才出五百塊耶！
我的戶頭就剩那麼多啊！
靠！

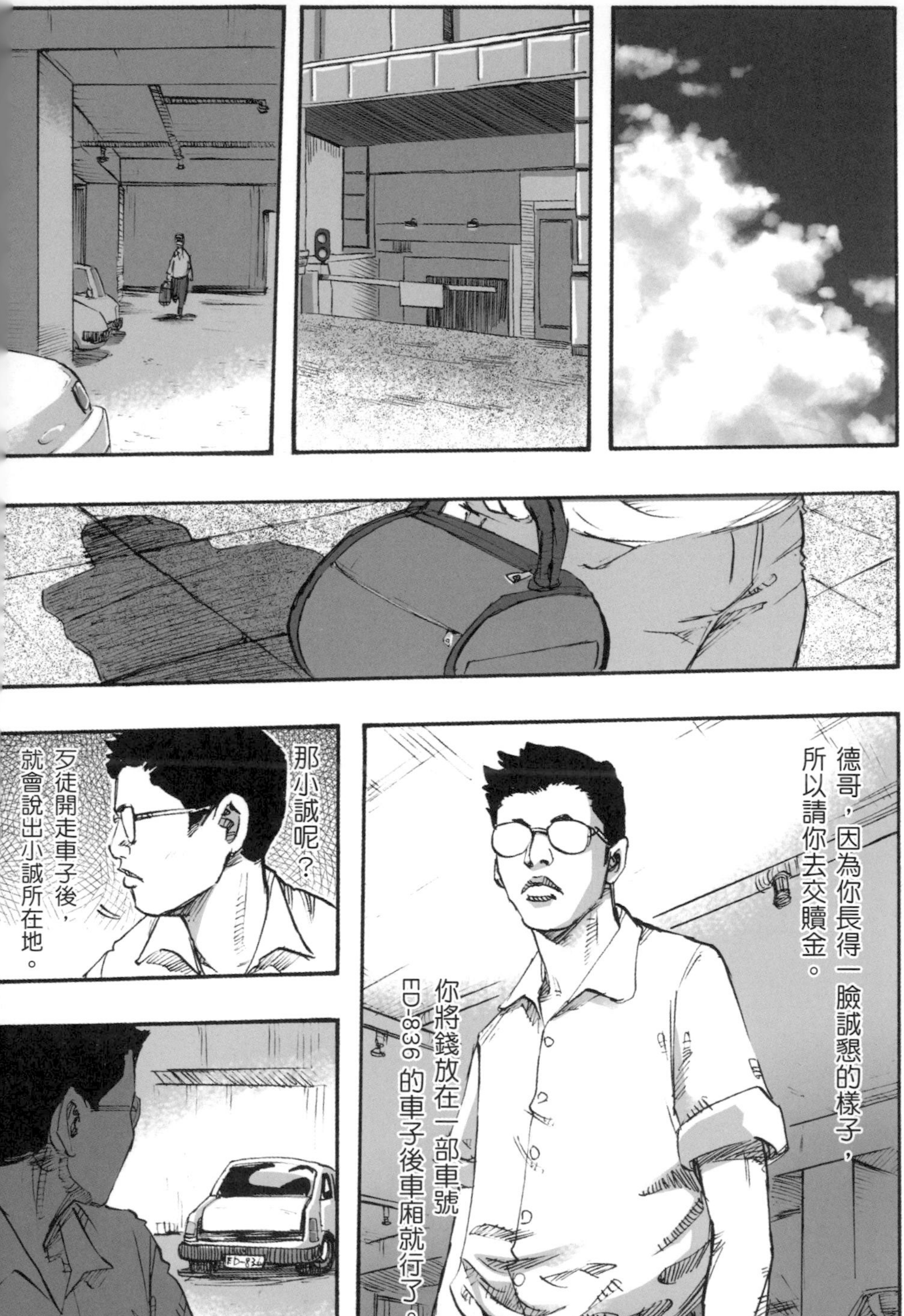
德哥，因為你長得一臉誠懇的樣子，
所以請你去交贖金。
你將錢放在一部車號
ED-836 的車子後車廂就行了。
那小誠呢？
歹徒開走車子後，
就會說出小誠所在地。

嘮！
噗隆！
車開走了。
ok！請你會同局長一起去救小誠吧～
那你們了？
我們啊…
我們有更艱鉅的任務要執行。

因為我的存在，媽面對我一定很痛苦吧…
……
…媽…
…小誠…

這是世上最美的畫面…
是啊…
不過為了這個畫面，我們的存款都沒了～
先別急著哭嘛～
嗚…

正義三勇士幫你們把錢拿回來啦!!
嗶!
嗶!
嗶!
還不快向我們跪拜!
萬歲!我最愛正義三勇士了!
請幫我簽名!
乖!一個一個來~
哇~我的錢!
局長!
我沒逮捕那個人渣，妳不會怪我吧？
因為我考慮到媒體效應，會揪出妳不想提的事。
不過我嚴懲他了，相信他無法再欺負女人了。
⋯被蜘蛛人打劫⋯
嗚~快斷了⋯
50kg

寶
哈啊！
嘿嘿嘿！

沒想到我寶生也有當上副座的一天。
正所謂職場升遷無他法適時收割一路發。
叩叩！
請進。
恭賀寶生哥榮升！
實在太開心了！
辦桌唱歌請吃飯了啦！
長
寶生
唔！
得償所願，眾望所歸啊！
收隊！

范欽
范誠
當年被我爸送走，或許他認為我可以平復發生在我身上的事。
但最好的方式是直視自己曾經發生的事。
我決定留下來。
跟彼此關心的人生活，應該是最好的治癒方式。
的確是這樣。

龍二先生，你的對手拿你過去的事抨擊你。
難道你不想對選民澄清？
我承認曾做過的事，我也坦然接受了刑罰。
或許我不像其他候選人毫無前科。但是我優於其他候選人的是…
我曾經身處黑暗，所以我更了解光明的重要。
鈴！
14:00
抱歉，我有要事。謝謝妳的採訪。
哈囉！我到了！

有夠慢耶！
好了！可以出發了！

後記

我沒料到在二十多年後可以更改故事的結局。

這麼說也不是在感嘆無法回頭更改人生這件事。若真的改了，或許就不會成為現在了。

選擇《警賊》（二十年前叫「光與闇」）單純是因為出版社勇於冒險要出書。原本單純的手續變得複雜原因是二十年前的光碟遺失了，幸好原稿還在。人類真的很妙，發明光碟燒錄是為了擔心紙張毀損遺失，現在卻是紙張救援了整件事。

在整理稿子過程像是翻日記，也想起當年毫無心理準備就被告知下檔的心情。那時的我很不爽很不服氣，不過經歷一些事，就會對其實很多的結束

真的不是操之在己了然於心。二十年前在畫最後一回時我的念頭是，我好像完成電影後還要自己畫電影看板的人，在一邊畫一邊回想連載期間跟角色對話，每一筆每一撇都是道別。完工後嘆口氣說：「終於……還是結束了……」是啊，所有事並不會因為捨不得就能躲避掉告別。

重新整理稿子時我並沒有去更改故事的過程，我只增加幾頁的扉頁，跨頁與結局。重新繪製這些角色就會想起以前畫稿子的畫面，當時的草稿對於細節處會畫得好正式，因為會擔心描墨線時人物會畫歪，那時眼睛是看著草稿描著，很像小孩子拿著字體範本練寫字。現在我幾乎沒有草稿了，可以在白紙上找出分鏡脈絡，台詞在腦中生成後也落在紙上，感覺自己進步了。

但是這樣不好。畢竟未來某天，腦子也會像電腦一樣當機甚至遺失檔案救不回。紙上的圖像文字還是牢靠一些。

不少人都會問我一個問題，就是我最愛哪部作品。我都愛，因為不愛根本就提不起勁去想去畫，我也覺得自己畫了這些作品似乎把我變成更好的人，雖然角色是自己創造的，但是他們也回饋給我這些無法化為文字的感受，這是創作過程很奇妙的事。

最後，真心謝謝願意做書跟買書的所有人。你們讓無中生有的創作人，不至於感覺困在自言自語的孤獨之中。

阮光民

警賊 II

作　　者　阮光民
封面設計　蔡南昇
內頁排版　高巧怡
行銷企劃　劉育秀、林瑀
行銷統籌　駱漢琦
業務發行　邱紹溢
責任編輯　賴靜儀、吳佳珍
總 編 輯　李亞南
指　　導　文化部 MINISTRY OF CULTURE
出　　版　漫遊者文化事業股份有限公司
地　　址　台北市松山區復興北路331號4樓
電　　話　(02) 2715-2022
傳　　真　(02) 2715-2021
服務信箱　service@azothbooks.com
網路書店　www.azothbooks.com
臉　　書　www.facebook.com/azothbooks.read
營運統籌　大雁文化事業股份有限公司
地　　址　台北市松山區復興北路333號11樓之4
劃撥帳號　50022001
戶　　名　漫遊者文化事業股份有限公司
初版 1 刷　2020年10月
定　　價　台幣360元

ISBN　978-986-489-407-9